Les banques participatives au Maroc

Approche juridique

Auteur:

Mehdi SALHI

Avant propos

Cette recherche a était fait lors de l'adoption de la loi 103-12 qui a instauré le fonctionnement des banques participatives au Maroc.

Après quelque mois de l'apparition de la loi, Bank Al Maghreb a publié trois circulaires en relation avec la finance participatives et qui sont validées par le Conseil Supérieur des Oulémas (CSO).

L'ensemble de ces circulaires détaille le fonctionnement technique des différents produits qui seront proposés par ces banques, de même que les conditions d'exercice des fenêtres participatives.1

Désormais on compte au Maroc entre les banques et les fenêtres participatives huit jeunes expériences qui sont :

Bnak Assafaa filale d'Attijarai Wafabank

Bank Alyousr Filable de la banque populaire

Umnia Bank, filiale de la CIH

---

[1] La Nouvelle Tribune par Souhir Benkirane | le 6 mars 2017
https://lnt.ma/ consulté le 03/03/2018
Voir annexe de cet ouvrage.

Bank Tamwil wal Inmae filaiale de la BMCE

Al Akhdar Bank dont le grand participant est le Crédit Agricole

La fenêtre Nejma de la BMCI

Dar al Amane fenêtre de SGMB

La fenêtre Arreda du Crédit du Maroc

Espérant que cet ouvrage donne de la valeur ajouté au sujet des banques participatives, je vous souhaite une très bonne lecture.

Mehdi SALHI

SOMMAIRE

« *Sans une moralisation de la vie sociale, familiale et politique, les efforts répétés de réforme seront voués à l'échec. L'exemple est édifiant des sociétés occidentales capitalistes qui souffrent de maux que les meilleurs penseurs occidentaux révèlent et dénoncent* ».[2]

---

[2] Yassine Abdessalam, Islamiser la modernité, Al Ofok impressions, 1998, Casablanca, page 253

Introduction

Les événements et les incidents qui marquent la vie moderne caractérisée de son vitesse énorme, pousse les penseurs économiques, politiques et sociaux à chercher des pratiques éthiques loin des intérêts privés.

La crise internationale et la maturité de la finance islamique

Le monde a été frappé en 2008 par une crise financière. Elle était marquée par un accroissement de la crise de liquidité et de la crise de confiance et un renchérissement supplémentaire du crédit par une augmentation du taux interbancaire. Elle a touché tous les pays du monde. Elle s'est rapidement répercutée sur les marchés boursiers par une chute des cours. Elle a débuté comme crise bancaire en septembre 2008 quand plusieurs établissements financiers américains entrent en cessation de paiement.

Selon plusieurs observateurs, cette crise est due au non respect des normes déontologiques dans les rapports entre les organismes financiers et leurs partenaires. Ce qui a poussé les opérateurs de chercher des pratiques bancaires éthiques dont le bénéfice n'est pas le premier motif.

Certains courants de pensée, issus des pays les plus divers et depuis bien longtemps, ont souligné que la recherche du profit ne devait pas négliger le respect de valeurs. Cette approche a pris de l'importance ces dernières décennies au point que l'on a pu parler de finance éthique.

Avec un actif de 1600 Milliard USD en 2014, la finance islamique a constitue la vedette du système bancaire international de la crise. En parallèle à son grand essor dans les pays du golfe et du sud-est asiatique, le monde occidental s'intéresse de plus en plus à la finance islamique.

Ce type de finance appelé au Maroc finance participative, a une identité spéciale puisqu'il est inespéré de sa culture riche des principes de la charia, et essentiellement du *Fikh Maliki* qui y a un grand apport.

Il faut signaler que sans un fonctionnement organique globale qui lie les autres domaines de l'économie islamique, on ne pourra produire qu'un piètre rendement, au regard des objectifs normatifs de cette économie. On parle du *Takaful*, la *Zakat* et le *Waqf*.

Plusieurs matières peuvent se rencontrer en étudiant ce thème allant de l'économie (la croissance), le droit (la réglementation), l'éthique (les valeurs) sans oublier l'angle

8

édifice qui se reflète par les principes de la *Charia* ou du *Fikh* (les principes).

Et donc, la réussite croissante de cette finance n'avait pas touché que les dirigeants politiques ou les financiers, mais aussi les juristes, les oulémas de la *charia*, les chercheurs universitaires, les formateurs, les journalistes et bien sûr l'opinion publique.

C'est à la lumière de cette recherche que sont expliquées les principales dispositions financières en Islam, qui relèvent principalement de l'investissement, du commerce, du droit des contrats, et des pratiques d'endettement.

La revue de la littérature

La finance participative, thème qui fait objet d'un intérêt grandissant dans le Maroc, et bien sur dans le monde avec la nomination « finance islamique », mérite résolument d'être replacée aujourd'hui dans son contexte global, constitué par l'économie islamique.

Depuis la fin des années soixante-dix, les auteures spécialistes de la finance expliquaient ses fondements et prévoyaient des perspectives. Mais puisque ce sujet comme on a déjà souligné touche énormément des matières, chacun le traite de sa référence.

Donnant l'exemple du professeur **André MARTENS**[3] qui s'interrogeait sur les origines de l'interdiction du *riba* (l'usure ou l'intérêt), sur les problèmes que connaît actuellement la finance islamique et sur ses perspectives d'avenir. Par contre **François Guéranger** dans son ouvrage la finance islamique, une illustration de la finance éthique[4], a engager un effort pour la définir tout en cherchant à calibrer sa genre, et est c'est une pratique éthique éloignée des pratiques financières occidentaux en inspirant ses techniques.

Une tranche de spécialistes de ce domaine ont préférer soit de faire des études sur l'évolution des pratiques bancaires en islam[5], soit de chercher une définition d'usure et présenter le contexte de son interdiction toute en faire référence à des expériences des banques islamiques surtout dans le mode arabo-islamique.[6]

La finance participative comme elle est dénommée et détailler par le législateur marocain est peu traité en tenant compte de la jeunesse de cette pratique au Maroc. Mr **Mohamed Najib**

---

[3] A. Martens, la finance islamique : fondements, théorie et réalité, Université de Montréal, Centre de recherche et développement en économique, Cahier 2000-2001, Montréal, 2001.

[4] François Guéranger, Finance islamique : Une illustration de la finance éthique, Dunod, Paris, 2009

[5] Mohamed Fall Ould-Bah, Les systèmes financiers islamiques: approche anthropologique et historique, Edition KARTHALA, Paris, 2011

[6] El Malhouf Jaouad, l'intérêt du capital entre la sharia et le droit positif, Imprimerie Spartel, Tanger 2010.

BENKACEM a édité son essaie : les banques islamiques au Maroc, outil pratique du banquier et de l'investisseur en 2013. Il a cherché la liaison entre la spécificité marocaine inspirée de la pensée doctrinale *Maliki* et les pratiques de la finance islamique pour instaurer un édifice théorique des fondements techniques de la banque islamique. [7]

Le docteur **Abderrahmane Lahlou** a traité aussi ce sujet en globalité dans son ouvrage : Economie et finance en islam, mais il a fait encore une recherche en arabe sous titre : la banque islamique au Maroc, le parcours historique et les attends économique.

D'un autre point de vue **M. Mohammed Salah CHIADMI** a consacré un chapitre de sa thèse de doctorat soutenue récemment[8] « La volatilité des indices boursiers islamiques dans le contexte de la crise financière » pour parler de la modélisation de la volatilité des indices boursiers islamiques.

La question qui se pose et qu'on prévoit aborder dans les lignes qui suit, se présente ainsi :

En considérant cette quantité des études et des recherches faites au niveau arabe et international et même au niveau national sur la finance islamique, nous cherchons quel apport

---

[7] Mohamed Najib Benkacem, les banques islamiques au Maroc, GraphEdit, Rabat, 2013
[8] Soutenue publiquement le 21/10/2015 à l'Ecole Mohammadia d'Ingénieurs

peut faire la loi 103-12[9] à la finance participative telle qu'elle est choisie par les spécialistes et les responsables de domaine.

L'intérêt du sujet

Plusieurs raisons peuvent démontrer l'intérêt de ce sujet. D'abord le Maroc connait un décollage économique, bien qu'elle soit modeste, mais il est de plus en plus sur le chemin, ce qui lui encourage à chercher des secteurs avantageux qui ont une réputation et un rendement dans le monde et qui peuvent être adéquates aux conjonctures nationaux. La finance islamique peut dans ce contexte joue ce rôle et même attirer des investissements internationaux, surtout des pays de golfe arabe, pour exploiter ce marché déjà vierge en ce qui concerne les mouvements et les transferts financiers islamiques.

C'est un enrichissement de l'arsenal juridique marocain qui n'a intégré les principes de la finance islamique qu'à partir de 2007, et juste par une recommandation du gouverneur de Bank AL Maghreb sous le nom des produits alternatifs. On dispose désormais en plus de la loi 103-12 qui réserve tout un titre aux banques participatives, de plusieurs textes juridiques qui organisent la finance islamique, partant de la loi 1-03-300 portant réorganisation des conseils des Ouléma, le Dahir 1.15.02 relative à la création de la commission des finances

---

[9] La loi 103-12 relative aux établissements de crédit et organismes assimilés

participatives au sein du Conseil Supérieur des oulémas, la loi n° 05-14 modifiant la loi n° 33.06 relative à la titrisation des actifs qui organisent les Sukuks (obligations islamiques) et le projet de loi n° 59.13 modifiant et complétant la loi n°17-99 portant Code des Assurances qui prévoit l'organisation de l'assurance Takaful.

Prendre l'information sur l'organisation spécifique des banques participatives, et faire une vue panoramique sur les produits bancaires proposés pour leur travail, soit les instruments de participation ou les instruments d'investissement ont un intérêt général non pas seulement pour les futures banquiers islamiques, mais aussi pour l'opinion public qui veut savoir tous les détailles de ces nouvelles établissements.

Les difficultés de sujet

La finance islamique est un thème fréquemment traité depuis la création des premières banques islamiques à partir des années soixante-dix, mais son rôle très important dans l'économie mondial n'est éclairé pour tous les partenaires et les opérateurs financières qu'après le déclanchement de la crise de 2008.

C'est-à-dire qu'il y a plusieurs écritures sur la matière qui sont devenues un peu anciennes, face aux changements connus dans le monde.

D'une part, Il n'existe qu'un nombre très limité des auteurs qui ont élaboré des ouvrages en tenant compte les réactions de la crise mondiale.

D'une autre part l'existence des textes juridiques sur les banques participatives au Maroc est très récente. On a même pas une expérience réel de ce type des banques, sauf l'expérience de Dar Assafaa qui n'a pas été vraiment une expérience d'une banque islamique, mais juste d'un établissement qui propose quelque produits dis alternatifs.

Le traitement d'un tel sujet nécessite ainsi connaissances et recherches dans plusieurs disciplines. La finance participative n'est pas juste un sujet drivé du droit bancaire, mais un sujet qui concerne toute le système économique puisqu'il participe à la croissance des nations. C'est un raison pour faire des investigations sur la relation de l'économie marocaine avec le système bancaire.

Il concerne aussi la recherche à la *Charia*. Tous les principes qui régissent la finance islamique sont inspirés essentiellement de la religion islamique.

La problématique

Face à la croissance étendue de la finance islamique dans le monde, surtout avec la crise financière internationale de 2008 d'une part, et des efforts faites au Maroc pour instituer les banques participatives d'une autre part, on se demande : quel apport juridique peut faire la loi 103-12

14

(relative aux établissements de crédit et organismes assimilés) à la finance participative, en rappelant les fondements de la finance islamique et les étapes de son introduction au Maroc, afin de préciser ses instruments et ses instances de conformité.

Abderrahman Lahlou, Mohamed Najib Benkacem et autres auteurs ont élaboré des ouvrages sur la finance et sur les banques islamiques, mais l'étude de la loi 103-12 dans son titre V réservé au banque participative à la lumière du développement de ce domaine au niveau international nécessite encours des efforts.

Pour atteindre le but de décortiquer la problématique, on doit répondre à deux grandes questions.

La première question qui se pose est l'intégration de la finance islamique au Maroc. A ce titre on doit faire une vue historique sur cette finance connaitre ses principes fondamentaux, et connaitre les étapes initiales de son intégration, même avant l'apparition de la loi 103-12.

Avec l'approbation de cette loi, On pourra ensuite décliner la deuxième question qui traite son apport juridique.

Quel sont les produits des banques participatives au Maroc ? Quel sont ses types ? Quel sont les instances de conformité et comment la loi à organiser le cadre institutionnel.

Ce mémoire va traiter en général, le régime juridique des banques participatives au Maroc dans son conjoncture national et international.

La limitation du sujet

Pour bien comprendre les dispositions de la loi instituant les banques participatives notre sujet sera limité de deux grands points :

- La finance islamique dans le monde, son historique et ses principes, afin de savoir les premiers essais de son intégration au système bancaire marocaine.
- Le régime juridique des banques participatives, on traitant les instruments de participation et d'investissement, et le cadre institutionnel et les institutions de conformité.

L'approche méthodologique

Après avoir faire des recherches dans la finance islamique en général et particulièrement au Maroc, j'ai constaté que notre pays est l'un des pays arabo-musulmans qui ont arrivé relativement en retard à cette discipline.

Et puisque mon sujet traite l'apport de la loi marocaine 103-12, approuvé récemment, à la finance participative, j'ai répartie mes références en 2 groupes :

Dans le premier groupe j'ai classé des ouvrages, des articles et des revus qui parlent de la finance islamique, son origine et son évolution ; avec les premières essaies de son intégration au Maroc, avant la dite loi.

Le deuxième groupe, je l'ai consacré ou ouvrages, lois, articles et autres références qui font des études ou des écritures critiques au texte juridique marocain relatif au banque participative.

J'ai fait en suite une répartition selon le contenu dans le premier groupe, dont je le tranchais lui même en deux : la finance islamique puis ses premières étapes d'intégration au Maroc

Et la même chose je l'ai fait avec les textes du deuxième groupe, ainsi qu'un sous groupe est consacré aux instruments des banques participatives et l'autre aux instances de conformité et au cadre institutionnel.

Et à partir de cette répartition, j'ai développé mon plan, tel que les groupes seront les deux parties de mon mémoire, et les sous groupes seront des chapitres.

Et bien sur j'ai met dans tous les chapitres des sections, et dans les sections des paragraphes tel qu'il permet le contenu traité dans la chapitre ou la section.

Le plan du sujet

C'est, notamment, à ces questions que se propose de répondre ce travail.

Comme on l'a brièvement esquissé, la finance islamique et ses premières étapes d'intégration au Maroc, en premier lieu, fait la première partie, qui méritent un développement important, d'abord de son origine, ses principes et son évolution (chapitre 1), ensuite pour décrire les essais « timides » de l'introduction de la finance islamique au Maroc (chapitre 2).

Dans la deuxième partie consacrée au cadre juridique de la finance participative, avant de décrire les instances de conformité et le cadre institutionnel (chapitre 2), il est essentiel de donner un aperçu sur les instruments participatifs et d'investissement (chapitre 1)

On terminera en suggérant des résumés concentrés sur la finance participative en globale et au Maroc plus précisément (conclusion).

Partie I :

Introduction de la finance islamique au Maroc

Les anciennes pratiques bancaires islamiques remontent aux moyens âges. Certain auteures précisent que le début de développement de ces pratiques était pendant l'empire abbasside. Mais on n'assistera à la finance islamique au vrais sens de terme que dans les années soixante dix.

En parlant de la finance islamique, on se pose face à un principe fondamental dans les transactions monétaire et commerciales dans l'islam, c'est le principe de l'interdiction de la *riba*.

On désigne par la *riba* (l'intérêt) le prix donnée par l'emprunteur en rendant le crédit à son créditeur à l'échéance.

A cette interdiction s'ajoutent quatre autres principes qui forment la théorie générale de la finance islamique.

Malgré l'existence de cette discipline depuis une quarantaine d'années dans plusieurs pays arabo-musulmans, le Maroc n'a opté pour ce choix qu'à dernièrement après plusieurs essais de son intégration depuis l'initiation du congrès islamique international de créer la banque islamique de développement (BID) en 1975 dont il est membre.

En 2007, les autorités monétaires marocaines ont préposé quelque produits dis alternatifs aux banques conventionnelles, probablement pour tester le marché et la mentalité des clients. Expérience qui a été développé par la création de Dar Assafae, première établissement spécialiste pour octroyer des crédits et présente des services bancaires alternatifs sans intérêt.

Bien que cette expérience a vécu plusieurs obstacles en tenant compte des dispositions insuffisantes présentés par la recommandation relatifs aux produits alternatifs, déjà limités en juste trois types.

Chapitre 1 : La finance islamique

la banque islamique s'entend des opérations bancaires en accord avec le droit musulman (la *charia*), lequel interdit l'intérêt ou *la riba*. D'une manière générale, la banque islamique est synonyme de la banque éthique ou la banque sans intérêt.

Dans la banque conventionnelle, les prêts sont un pilier, les banques empruntant aux déposants et prêtant à ceux qui ont besoin de financements. Les banques conventionnelles gagnent ainsi de l'argent sur la différence entre le taux d'intérêt moins élevé versé sur les dépôts et le taux d'intérêt plus élevé pratiqué pour les clients. À l'inverse, les banques islamiques n'ont pas le droit de percevoir ou de verser un intérêt. Les banques compatibles avec *la charia* n'accordent pas de prêts et ont recours à d'autres opérations - vente, crédit-bail/location, et instruments basés sur le principe du partenariat – pour gagner de l'argent.

En plus de n'être pas autorisées à percevoir *la riba*, les banques islamiques ne peuvent s'adonner à des activités *haram* (interdites) par *la charia*.

En outre, ces banques doivent aussi minimiser le *gharar* (la spéculation) dans leurs contrats. Pour ce faire, dans leurs transactions à la vente ou à la location-vente, les banques islamiques doivent clairement établir quatre éléments : le prix, la quantité, la qualité et le date de la livraison.

L'évolution du système bancaire islamique est passée par plusieurs étapes. On peut même considérer des anciennes pratiques de transactions utilisées dans les moyens âges comme des pratiques primitifs de la finance islamique contemporaine avec les enseignements du prophète *Mohammad* saluts et bienfaisances de Dieu sur lui .

Mais la vrais période de prospérité de cette discipline est connais dés le début des années soixante-dix avec la création des premières banques islamiques et s'est accumulé et son rôle devient plus important avec les répercussions de la crise financière international.

Le présent chapitre retrace brièvement les fondements de la finance islamique, après avoir met la lumière sur l'évolution du secteur de la banque islamique dans le monde.

Section 1 : l'historique et le développement de la finance islamique

Pour prendre une vision complète sur l'historique de la finance islamique, il faut d'abord revenir aux enseignements du Coran expliqués et pratiqués par le prophète Mohammad (saluts et bénédictions de dieu sur lui) qui ont relations avec les transactions commerciales et monétaires.

Le verset principal du Coran qui organise ces transactions c'est : (*wa ahalla Allaho albaay'a wa harrama ar riba*), c'est-à-dire que Allah a permis la vente ou le commerce, et a interdit l'usure (*la riba*).

En passant par la période des Kholafa'e rachidines, et surtout la période de l'empire des abbassides, les premiers pratiques d'une banque islamiques s'est formées. Mais la période primordiale de la finance islamique s'est débutait après la constitution de Mit Ghamr Bank en égypt. en 1967.

La crise monétaire internationale de 2008 a donné une renaissance de la discipline islamique au niveau des banques.

Dans les lignes qui suivent, on va présenter quelques détails.

a-Origine et historique :

La finance islamique trouve sa source dans la religion musulmane révélée au prophète Mohammad (saluts et bénédictions de dieu sur lui) à partir de l'an 610.

24

En effet, la Mecque était, à l'époque pré-islamique, un centre économique très dynamique. Ceci avait donné naissance à certain formes primitives de transactions bancaires essentiellement dans deux domaines :

L'investissement : soit les Mecquois demandait des parts de bénéfices sur les fonds qu'ils accordaient aux agents marchands (Mudaraba), soit ils accordaient des prêts avec des intérêts. Les pratiques usuraires ont été prohibées par l'islam.

Le dépôt au prêt : le dépôt pratiquer avant et après l'avènement de l'islam consistait en une simple conservation d'objet (Amana), engageant le dépositaire a restitué le même objet sans avoir disposé. Par la suite cette pratique a connu une certaine évolution notamment avec le compagnon du prophète, Al Zoubayar Ben Al Awwam : « celui-ci refusait de prendre les fonds pour les conserver sans tirer profit de prêt comme Amana. Il prenait l'argent sous forme de prêt et non comme simple dépôt, tout en garantissant la restitution non des fonds mêmes, mais de la somme équivalente» [10]

L'islam prévoit dans les textes sources de la Chariaa (Coran et Hadiths), un ensemble de préceptes organisant les échanges économiques entres les hommes. Ainsi nous pouvons voir apparaitre les grands principes de la finance islamique. Mais nous ne pouvons pas dire qu'il s'agisse de la finance telle

---

[10]

qu'elle est à nos jours. En effet le Coran décrit certains comportements à avoir lors de transactions commerciales.

Les premières racines d'un système comptable organisé avec l'islam se situeraient à l'époque des Khoulafae Rachidine (à partir de 634). Cette époque fut le début de l'expansion de la religion musulmane.

Les institutions islamiques de cette période furent très rigoureuses sur la gestion des ressources des Etats. Le grand enjeu fut de canaliser correctement la Zakat. Déjà à cette époque la religion musulmane se voulait transparente en matière de finance.

« Les opérations (bancaires) tant au niveau des particuliers qu'à celui de l'Etat ont fait leur apparition dès l'époque abbasside. Ainsi que certain masa'il (problématiques) de la *Mudawwana* (livre) de *Sahnun* (savant musulman) relèvent l'émergence de phénomènes financières en rapport avec les intermédiations des échanges»[11]

La finance islamique a passé par un long processus depuis sa première apparition, on peut bien distinguer entre plusieurs étapes ;

---

[11] Mohamed Fall Ould-Bah, Les systèmes financiers islamiques: approche anthropologique et historique, Edition KARTHALA, Paris, 2011, page 315

26

- La finance islamique contemporaine :

Quand les banques européennes se plaçaient pour s'installer en terre d'Islam, le débat *fiqhi* est déclenché. Les savants musulmans s'interrogeaient sur les rapports des intérêts au *riba* prohibée.

Les premières expériences de banque islamique eurent lieu dans les années 1950 au Pakistan et en 1963 en Égypte avec La Mit Ghamr Saving bank qui proposait des comptes épargnes basés sur le partage des bénéfices et non des produits.[12] Cet évènement fut déclenché par l'économiste Ahmad EL NAGGAR. La population locale, très croyante, exprima une crainte vis-à-vis des banques classique. C'est pourquoi ils décidèrent de fonder un système de solidarité musulman (par le biais du microcrédit), afin de subvenir à leurs besoins. Cette caisse d'épargne, qui fut la première initiative du genre dans le monde musulman, draina une grande partie des revenus des villageois. Fidèles à leurs principes, les villageois ne pratiquaient aucune distribution ou prise d'intérêts. Ils favorisaient plutôt les prises de participations et les financements directs. En ce sens on peut dire que la finance islamique moderne vit le jour à cette époque. Bien que cette première expérience fût une véritable réussite, prit fin pour des raisons politiques en 1967.

---

[12] El Malhouf Jaouad l'intérêt du capital entre la sharia et le droit positif, Imprimerie Spartel, Tanger 2010 page192

La banque (Mit Ghamr Saving bank) a changé l'attitude des villageois qui est passée de l'indifférence, de la passivité et du fatalisme à la positivité. Il est certain qu'un tel succès n'était possible si la banque avait négligé les valeurs islamiques de la population. La banque d'épargne islamique de Mit Ghamr a démontré que, d'une part, les musulmans aspirent à posséder leur propre système bancaire, d'autre part, l'établissement d'une banque islamique est faisable et est souhaitable, car c'est la seule institution financière susceptible de gagner la confiance de ces peuples. [13]

En 1969 la Malaisie créa un fond islamique d'entraide appelé le Tabung Hadji (caisse de pèlerinage). « *Ungku Abdul Aziz*[14] préconisait dans son plan l'instauration d'une caisse d'épargne mutuelle dans laquelle les malaisiens musulmans placeraient leurs économies afin de les faire fructifier et ainsi pouvoir réaliser le pèlerinage à la Mecque *(Hajj)* ou le petit pèlerinage *(Omra)*. Cet argent sera placé dans des projets *shariah compliant* (conforme à l'éthique musulmane) qui empêcherait le recours à l'intérêt usuaire. Cette caisse s'appelle *Tabung Haji* (Caisse Hajj) »[15]. Aujourd'hui encore ce fonds joue un rôle économique très important en Malaisie.

---

[13] Ahmed Alouani, FINANCE ISLAMIQUE : EVALUATION DEPUIS 1970 A NOS JOURS, International Journal of Innovation and Applied Studies, Vol. 10 No. 2 Feb. 2015, p 727

[14] Un économiste Unku AbdulAziz de l'université de Malaya

[15] Fatima MOQRAN, Quand la finance permet d'accomplir son pèlerinage: le Tabung Haji, http://aidimm.com, publié le 02/02/2016

Ce pays est d'ores et déjà dotée désormais d'un système de finance islamique pleinement développé (banques, Takaful, ou assurance, des opérations sur le marché des capitaux et sur le marché monétaire)[16].

Avec la plus grande prise de conscience de la finance islamique et à mesure que les banques islamiques élargissent leurs services, même des clients non musulmans se tournent vers ces établissements. Dans certains cas jusqu'à la moitié de la clientèle des banques islamiques n'est pas musulmane.

Durant l'année 1969 aussi que se fut la création de Dallah Albaraka Group. Qui a atteint dans 16 ans sa maturité, et se plaçant comme l'un des groupes les plus forts de l'Arabie saoudite[17]. Le groupe a des filiales, « *Shariah compliant* », spécialisées dans la banque de détail et la banque d'investissement.

Il faudra attendre les années soixante-dix pour assister à la création de nouvelles institutions islamiques, suite à l'accroissement des recettes pétrolières de certains pays arabes exportateurs de ce produit. Ainsi sera créée, en 1973, la Banque islamique de développement (BID) avec un capital autorisé de 2.277 millions de dollars.

---

[16] Ahmed Alouani , Op cité.
[17] Dallah Albaraka, pionnier du capitalisme islamique, www.aujourdhui.ma, publie le 06/10/2003, consulté le 16/06/2016

Un événement décisif a marqué l'histoire de la finance islamique, en l'occurrence la création en 1975 de la banque islamique de développement (BID), organisme financier destiné à encourager le développement économique et le progrès social dans les pays membres suit à une décision de l'organisation de la conférence islamique (OCI).[18]

Après 1975, la création des banques islamiques dans les pays du Golfe s'accélère; ainsi naquirent inter alia, la Dubai Islamic Bank, la Faisal Islamic Bank au Caire, la Faisal Islamic Bank à Khartoum, la Kuwait Finance House, la Jordan Islamic Bank for Finance and Investment, la Bahrain Islamic Bank.[19]

-La normalisation de la finance islamique [20] :

L'AAOIFI et l'IFSB sont des organismes de gouvernance indépendants dotés de leurs propres groupes d'experts en charia, généralement dirigés par les jurisconsultes les plus expérimentés et reconnus au service des institutions financières. Ces deux organismes établissent des normes pour les produits et les services offerts par les institutions financières islamiques, les guichets islamiques des banques conventionnelles et les banques conventionnelles qui proposent des services islamiques.

---

[18] Mohamed Najib Benkacem, les banques islamiques au Maroc, GraphEdit, 2013 p 74

[19] Ibrahima BA, PME et institutions financières islamiques, document de travail n° 6, Bureau international du Travail – Genève, 1997, p 7

[20] Centre du commerce international, Le système bancaire islamique, ITC, Genève, 2009 pages 106 et 107

L'AAOIFI est une organisation panislamique à but non lucratif basée au Bahreïn et qui offre à ses membres des normes comptables, d'audit, de gouvernances, éthiques et compatibles avec la charia. L'AAOIFI compte plus de 150 membres de plus de 40 pays au nombre desquels figurent des banques centrales, des institutions de finance islamique et des représentants des secteurs des services financiers, juridiques, comptables et autres secteurs connexes.

- La finance islamique partout dans le monde :

En occident, les banques sont aussi en concurrence pour se tailler une part du gâteau lucratif que représente la banque islamique. Le premier établissement de finance islamique, la Islamic Finance House a été créé au Luxembourg à la fin des années 70, suivi par la Islamic Finance House du Danemark, la Islamic Investment Company de Melbourne, Australie, et la American Finance House LARIBA aux États-Unis. La Islamic Bank of Britain a été fondée au Royaume-Uni en 2004, et en 2008 cinq banques islamiques avaient vu le jour dans le pays. Citibank, HSBC, Standard Chartered, ABN Amro et Deutsche Bank sont quelques-unes des banques conventionnelles qui ont fait leur entrée dans le secteur de la banque islamique.[21]

Elle démarra sa normalisation au début des années 1980, atteignant des régions du monde telles que l'Afrique

---

[21] Ahmed Alouani , Op cité.

subsaharienne (Niger, Sénégal...) ou l'Europe (Grande Bretagne, Luxembourg).

Cette finance, a connu en quarante ans, un essor considérable. Effectivement, née la veille du choc pétrolier de 1973, elle est aujourd'hui pratiquée dans plus de 60 pays. Elle s'est exportée bien en dehors des terres arabes, traditionnellement musulmanes.

L'activité financière islamique est représentée par 345 institutions financières ou fenêtres d'institutions financières. Parmi ces dernières, on pourra noter que seules 105, sont des banques purement islamiques.[22]

Les années 90 ont connu l'expansion de la Banque de détail islamique et la naissance de la désintermédiation financière islamique, soit le passage d'une économie d'endettement à une économie de marchés financiers. Durant ces années, les IFI deviennent de plus en plus structurées, et leurs règles de fonctionnement se sont raffinées. Ainsi, en 1991, la principale organisation internationale de normalisation de l'industrie de la finance islamique a été créée : l'Accounting and Auditing Organisation for Islamic Finance Institutions (AAOIF) qui

---

[22] Ismaël BOULABAS, La finance islamique est- elle une solution face à la crise?, INSEEC - Master 2 banque et assurance, 2012 consulté au www.memoireonline.com le 17/06/2016

sera chargée d'élaborer les standards comptables appropriés pour les IFI. [23]

Même dans les pays du golfe arabo-persique, la part de marché des activités purement islamique ne dépassera pas les 26,5% des activités bancaires totales en 2008.

b- le développement de la finance islamique

Malgré son encours estimé entre 1000 et 1600 milliards de dollars, la finance islamique représente seulement 1 % de la finance classique. Autrement dit, son activité reste relativement marginale. Cette forme de finance est essentiellement pratiquée dans les pays du Moyen-Orient qui, avec quelque 400 milliards de dollars, représentent presque la moitié de son encours total.

Par ailleurs, on note depuis cinq ans (9 ans en considérant la date de la publication) une accélération significative de son encours. Selon les projections d'Ernest&Young, il pourrait atteindre plus de 4500 milliards de dollars en 2020.[24]

---

[23] Le Maroc, un marché idéal pour le développement de produits alternatifs Dossier suer les banques islamiques, www.lopinion.ma , publié le 29/7/2012, consulté le 17/06/2016
[24] La finance islamique dans le monde, www.lafinancepourtous.com, publié le06 novembre 2012, consulté le 17/06/2016

Depuis les révolutions arabes, les pays d'Afrique du Nord (Tunisie, Egypte, Maroc) représentent une nouvelle source potentielle de développement.

Après avoir rappelé l'évolution et le développement de la finance islamique et généralement pour la phase contemporaine, il est utile de faire une aperçue sur les grandes principes de cette discipline.

Section 2 : les fondements de la finance islamique

L'Islam abroge toutes les activités économiques basées sur l'exploitation et l'injustice qui ne contribuent pas au bien être humain universel. Ainsi, l'Islam s'oppose à la thésaurisation, à la concentration du capital, aux monopoles. Il condamne les exploiteurs et toutes les formes d'exploitation. La spéculation est aussi interdite en finance islamique. Un spéculateur tend à tirer profit dans le court terme, des mouvements de prix d'un actif ou d'une commodité. Il peut faire un profit ou enregistrer une perte, mais son activité n'ajoute rien à la production de l'industrie.

Dans le contexte islamique, l'investisseur doit prendre en considération les aspects éthiques et le type d'activité économique dans laquelle il investit. Ainsi l'investissement dans des compagnies impliquées dans des activités portant sur l'alcool, le jeu, le tabac et la pornographie ne sont pas permises.

(…) L'Islam a aussi condamné les transactions basées sur les faux serments, il a mis l'emphase sur la justice dans les transactions commerciales en respectant les bons poids et mesures.[25]

Les savants de *la Charia* en collaboration avec les professionnelles des banques islamiques trace un certain

---

[25] Sofia BENNAMARA, Finance islamique et capital-risque, MBA, faculté des sciences de l'administration, université LAVAL. Québec 2008

nombre de principe pour pratiquer les opérations bancaires en toute sérénité. Mais les cinq principes les plus communs entre eux sont les suivantes :

§1. L'interdiction du prêt à intérêt (*la riba*)

Il faut savoir que l'un des plus importants fondements de la Finance islamique est l'interdiction de la riba. Ce mot arabe désigne l'augmentation englobe l'intérêt dans toutes ses formes, qu'il soit excessif ou modéré.

L'interdiction de la « *riba* » constitue la principale différence entre la finance islamique et la finance conventionnelle. La finance islamique est une sorte de la finance alternative ou éthique.

Selon François Guéranger « Le péché cardinal de l'activité économique selon l'islam, est, on le sait, le riba, c'est-à-dire l'accroissement indu de la richesse. Aucun contrat conclu entre agents économiques ne doit faire apparaître directement ou indirectement d'intérêt versé ou perçu par l'un ou l'autre des cocontractants ».[26]

L'interdiction de la *riba* en Islam est catégorique. Elle est confirmée par les grandes sources légales islamiques : le Coran, la *Sunnah*, le consensus et l'*Ijmâ*. Elle ne fait l'objet d'aucun doute.

---

[26] François Guéranger, Finance islamique : Une illustration de la finance éthique, Dunod, Paris, 2009, page 68

Puisque l'utilisation de *la riba* était très connais dans la péninsule arabique, son interdiction est passée par plusieurs étapes. Sofia BENNAMARA cite huit versets coraniques, dans quatre sourates différentes portent sur l'intérêt.

« Dans l'ordre de la révélation, la première est la Sourate les Romains, verset 39 dont la traduction est : « Tout ce que vous donnerez à usure pour augmenter vos biens au dépens des biens d'autrui ne les accroît pas auprès de Dieu, mais ce que vous donnez comme Zakat, tout en cherchant la Face de Dieu (Sa satisfaction)... Ceux-là verront [leurs récompenses] multipliées. » Elle contient une moralité que le principe de l'usure ne converge pas avec les valeurs islamiques, sans pour autant contenir une interdiction catégorique.

La deuxième est Sourate les Femmes, verset 161 où il est cité : « et à cause de ce qu'ils prennent des intérêts usuraires - qui leur étaient pourtant interdits - et parce qu'ils mangent illégalement les biens des gens. A ceux d'entre eux qui sont mécréants Nous avons préparé un châtiment douloureux. » et qui dénonce fermement la pratique usuraire des juifs en rappelant que l'intérêt leur est interdit entre eux.

Puis Sourate la Famille d'Imran, versets 130-132 qui interdit l'intérêt composé : « Ô les croyants ! Ne pratiquez pas l'usure en multipliant démesurément votre capital. Et craignez Dieu afin que vous réussissiez ! Et craignez le Feu préparé pour les mécréants. Et obéissez à Dieu et au Messager afin qu'il vous soit fait miséricorde ! »

37

Suivant les étapes de l'interdiction de la riba, BENNAMARA ajoute : « Et Sourate la Vache, versets 275, 276, 279 ,280 révélés vers la fin de la vie du prophète paix sur lui et qui interdit catégoriquement l'intérêt dans toutes ses formes et qualifie sa pratique de guerre contre Dieu : « Ceux qui mangent [pratiquent] de l'intérêt usuraire ne se tiennent (au jour du Jugement dernier) que comme se tient celui que le toucher de Satan a bouleversé. Cela, parce qu'ils disent : "Le commerce est tout à fait comme l'intérêt" Alors que Dieu a rendu licite le commerce, et illicite l'intérêt. (…) Dieu anéantit l'intérêt usuraire et fait fructifier les aumônes. Et Dieu n'aime pas le mécréant pécheur (…) Ô les croyants ! Craignez Dieu; et renoncez au reliquat de l'intérêt usuraire, si vous êtes croyants. Et si vous ne le faites pas, alors recevez l'annonce d'une guerre de la part de Dieu et de Son messager.»

La vision économique de l'Islam est basée sur la soumission au Dieu unique Créateur de l'univers, qui Exalté soit-il a établi les règles de conduite les mieux adaptées pour régir la vie et assurer la prospérité, le bien être, la paix. Il a interdit aux musulmans tous les actes susceptibles de nuire aux intérêts des gens, il a préconisé un système social sans s'opposer à la propriété privée, au profit, à l'épanouissement personnel. Ainsi, dans un système islamique, il est charitable et louable d'annuler la dette d'un créditeur en situation difficile comme stipulé dans le Coran : « A celui qui est dans le gêne, accordez un sursis jusqu'à ce qu'il soit dans l'aisance. Mais il est mieux pour vous de faire remise de la dette par charité ! Si vous saviez! ».[27]

Comme ce qu'on a vu, l'usure (*la riba*) a été expressément interdite dans le Coran. Le Prophète a maudit celui qui le prend, celui qui le donne, le rédacteur de l'acte et le témoin. Il est interdit de ce fait d'exiger un rendement du simple fait de prêter. L'intérêt est le prix du prêt alors que fondamentalement, le prêt ne doit générer aucun profit. Cette interdiction est valable aussi bien pour l'intérêt contractuel sur le prêt que pour toute autre forme d'intérêt de retard ou d'intérêts déguisés en pénalités et commissions.

§2. L'interdiction de l'incertitude et de la spéculation (*Gharar et Maysir*)

Le « *gharar* » est l'une des trois interdictions fondamentales en finance islamique avec la (*Riba*) et le (*Maysir*). On peut traduire ce terme arabe par l'aléa ou l'incertitude. Le (gharar) se manifeste lorsque l'objet d'un contrat est ambigu, incertain ou dépend d'événements futurs dont la réalisation est aléatoire et totalement en dehors du contrôle des parties. Un contrat dont l'objet constitue un évènement incertain sera considéré non conforme aux principes de la finance islamique. Le

---

[27] Sofia BENNAMARA, op cité.

contrat d'assurance commerciale (voiture, habitation, etc.) est par exemple jugé illicite par les savants musulmans. [28]

Pour définir le gharar on peut dire que c'est le fait de dissimiler les défauts de la marchandise ou d'en trop vanter les mérites ; tout contrat présentant un défaut ou vice caché évoque l'incertitude, l'aléa, voire la tromperie. Un tel contrat annonce d'emblée le risque de perte.

Les opérations et les transactions doivent revêtir la transparence et la clarté nécessaires, de manière à ce que les parties soient en parfaite connaissance des valeurs de leurs échanges. C'est à ce titre que les opérations dont la contre-valeur n'est pas connue avec exactitude, celles engendrant un risque excessif ou celles dont l'issue dépend essentiellement du hasard sont interdites (les jeux de hasard, les contrats d'assurance classique, etc.)

Revenant à François Guéranger qui détaille ce concept en matière des contrats : « les contrats qui contiendraient des dispositions permettant de percevoir un revenu en cas de survenance d'un événement imprévu (ainsi d'un contrat climatique assurant une rémunération si la température ou la pluviosité atteint un certain niveau), qui matérialiseraient le refus du risque (credit default swap (CDS), par exemple) ou qui porteraient sur des objets non tangibles, comme une option d'option ou une option sur un indice, sont susceptibles d'être visés par l'interdiction du gharar. Plus simplement, l'existence

---

[28] Raymond MBADIFFO, Présentation du système financier islamique, www.investir-afrique.com/

d'une rémunération variable est susceptible, a priori, de générer une qualification de *gharar* »[29]

La notion de *Maysir* est liée à la notion de jeu qui peut générer un enrichissement injustifié au détriment des autres. D'une manière générale, dans la religion musulmane, il est interdit de réaliser des transactions commerciales comportant une incertitude excessive. Ainsi, toutes les pratiques telles que la vente de produits inexistants, paris et loteries ne sont pas autorisées.[30]

En parlant du Gharar il est utile de rappeler que l'islam a interdit la vente ce que l'on ne possède pas. Certain auteurs cite cette interdiction parmi comme un des fondements de la finance islamique, mais puisqu'il est un type du Gharar ce n'est pas le cas de le isoler seul.

Citant d'abord Une parole du Prophète *Mohammad* (saluts et bénédictions de dieu sur lui) racontée par son compagnon *Hakîm Ibn Hizâm* qui a dit : Je me suis rendu auprès du Messager d'*Allah* (saluts et bénédictions de dieu sur lui) et je lui ait demandé :
« Un homme vient me voir et me demande de lui vendre (quelque chose) que je ne possède pas. Puis-je (conclure la transaction qu'il me propose d'abord, puis aller) acheter (la chose concernée) pour lui au marché et la lui remettre ensuite? » Il (saluts et bénédictions de dieu sur lui)

---

[29] François Guéranger, Finance islamique : Une illustration de la finance éthique, Dunod, Paris, 2009, page 69
[30] Le Maroc, un marché idéal pour le développement de produits alternatifs Dossier suer les banques islamiques, www.lopinion.ma, publié le 29/7/2012, consulté le 17/06/2016

répondit : « Ne vends pas ce que tu ne possèdes pas. » (Parole authentifiée *par Al Albâni*).

Il n'est pas permis au musulman de vendre (directement ou par le biais d'un mandataire) un bien dont il n'est pas encore propriétaire et qui ne lui appartient pas : ce type de transaction relève du bay' al *gharar*. Les oulémas des *madhahib* (courants de la doctrine musulman) les plus connus s'accordent sur ce point, énoncé très clairement dans les propos du Messager d'Allah (saluts et bénédictions de dieu sur lui) rapportés par *Hakîm Ibnou Hizâm...*[31]

La propriété constitue la principale justification du profit généré soit par sa détention soit par sa vente. Cette justification n'est qu'une traduction de la règle précédente, du fait que la détention d'un actif fait supporter à son propriétaire des risques justifiant son profit le cas échéant. De ce fait, on ne peut pas vendre un bien qu'on ne possède pas (la seule exception à cette règle est le contrat Salam), ni vendre des actifs avant de les détenir. C'est ainsi que les activités d'intermédiation sont fortement réglementées, les procès des financements adossés à des montages d'achat et de revente de biens sont méticuleusement étudiés pour respecter cette règle.[32]

---

[31] Mouhammad Patel, La condamnation de la vente de ce qu'on ne possède pas, www.finance-muslim.com, publié Le 18 mars 2010

[32] Wadi Mzid, la finance islamique : principes fondamentaux et apports potentiels dans le financement de la croissance et du développement, http://www.banquezitouna.com/Fr

§3. L'adossement à des actifs réels

La finance islamique est dans tous les cas de figure rattachée à l'économie réelle. Toutes les transactions financières doivent être adossées à des actifs réels et échangeables. Ce principe, conjugué avec celui de l'interdiction de l'incertitude excessive fait que par exemple les produits dérivés soient prohibés.

Techniquement on attribue au principe d'adossement à un actif tangible ou réel une mesure plus importante dans la structuration de certains produits tels que les « *sukuk* » qui sont les obligations conformes à la *chariaa*.

Ces instruments prennent la forme de certificats d'investissement représentant une participation des porteurs de « *sukuk* » proportionnelle dans la détention de la propriété des actifs tangibles sous-jacents et permettant d'obtenir une rémunération basée sur la performance des actifs sous-jacents financés.

§4. Le partage des pertes et des profits

Le principe du partage des pertes et profits appelé par certain auteurs (4P), soutient l'idée que la finance islamique est, en premier lieu, une finance participative, basée sur le partage des pertes et profits, où aucune rémunération ne peut être garantie ou fixée d'avance.

Une seule partie ne peut à elle seule assumer tout le risque lié à une transaction. De la sorte, l'autre partie ne peut se prévaloir du privilège de transférer tous les risques sur le

43

cocontractant. Le rendement est un corollaire du risque et en constitue la principale justification. C'est même la traduction de la fameuse règle « Al Ghonm Bel Ghorm ». C'est à ce titre qu'on ne peut pas s'engager sur un rendement fixe pour un placement par exemple.

Mr Mohamed Najib BENKACEM explique ce principe ainsi : « Moyennant un apport de fonds destiné au financement des projets des entreprises ou des particuliers, la banque islamique devient partenaire ; elle supporte également le risque adossé au projet financé. En matière de rémunération, les bénéfices sont répartis selon le pourcentage convenu, tandis que les pertes sont supportées selon le pourcentage de détention du capital. »[33]

Et puisque la justice et l'équité sont les principes les plus importants de l'économie islamique, Les bénéfices et les pertes doivent être partagés entre créancier et débiteur, au lieu d'être concentrés d'un seul côté, comme c'est souvent le cas avec les banques classiques.

§5. L'interdiction des activités illicites

Ce principe reflète l'idée que la finance islamique est une forme de finance responsable écartant certaines industries de

---

[33] Mohamed Najib Benkacem, les banques islamiques au Maroc, GraphEdit, 2013, page 118

44

son domaine de placement et faisant donc intervenir des filtres éthiques, sociaux et environnementaux.

La finance islamique découle l'interdiction de financer toutes les activités et tous les produits qui sont contraires à la morale : alcool, drogues, tabac, armement... ainsi que les produits interdits à la consommation par l'islam (viandes de porc et dérivées).

Dans sa présentation du système financier islamique, le Dr Raymond MBADIFFO rappelle qu'il est important de relever que ce type de placements responsables est répandu dans le monde anglo-saxon où sont écartées du portefeuille les entreprises dont les produits ou les pratiques ne respectent pas les critères défendus par le fonds. C'est classiquement le cas des industries de l'armement, du tabac, de la pornographie et des jeux de hasard.

Il ajoute : « En général, dans les placements responsables, le filtrage opère sur deux
niveaux:
- le premier concerne les normes internationales où sont écartées du portefeuille les entreprises ne respectant pas les standards internationaux liés au droit du travail, à la protection de l'environnement et à la corruption ;
- le second concerne les critères sectoriels où sont écartées du portefeuille les entreprises dont l'activité est liée à des produits ou à des pratiques qui ne respectent pas les critères défendus par le fonds.

La finance islamique y ajoute un troisième niveau lié à la nature des transactions qui ne doivent pas être entachées de vices tels que la (riba) ou le (gharar)[34]

En résumé, les principes ou les fondements de la finance islamique sont –selon la majorité des économistes islamiques - au nombre de cinq principes. C'est donc d'abord l'interdiction du prêt à intérêt (*la riba*), l'interdiction de l'incertitude (*Gharar*) et de la spéculation (*Maysir*), l'adossement à des actifs réels, les 4P ou le principe du partage des pertes et des profits et finalement l'interdiction des activités illicites ou *Haram*.

Les institutions bancaires islamiques qui mettent en œuvre les investissements participatifs associant le capital au travail en dehors de l'exploitation éhontée du prêt à intérêt en sont encore au stade de balbutiement: des résultats prometteurs, sans plus. Les quelques maigres résultats arrachés aux forces hégémoniques du marché financier international font vivoter les banques islamiques dans les interstices (les espaces) du système mondial colossal (gigantesque), mais ils ne sont pas à dédaigner (déprécier) car ils annoncent la possibilité d'une voie de salut et en tracent le chemin pour le jour où les pays

---

[34] Raymond MBADIFFO, op cité.

musulmans atteindront la maturité politique et l'éveil moral et spirituel.[35]

Après un parcours de presque un demi-siècle du développement de la finance islamique dans le monde et dans le monde islamique principalement, le Maroc a juste assisté à des difficiles premiers essais pour intégrer cette discipline à son système bancaire.

Avant même le lancement des produits financiers alternatifs en 2007, plusieurs opérateurs et partenaires universitaires et associatifs ont fait énormes efforts pour instaurer une pratique bancaire islamique.

---

[35] Yassine Abdessalam, Islamiser la modernité, Al Ofok impressions, Casablanca, 1998 page 259

Chapitre 2 : les étapes d'intégration de la finance islamique au Maroc

Il était grand temps que le Maroc prenne le «TGV» de la finance islamique. Voilà environs 30 ans déjà que des négociations ont été entamées avec la Banque Centrale et le Ministère des Finances pour un projet de création d'une première banque islamique en 1980. Celle-ci n'a finalement pas vu le jour.

Le Maroc accuse un retard en la matière puisqu'il fait partie des trois seuls pays arabo-musulmans à ne pas avoir de banque islamique.

Le premier fruit de ces efforts était l'émission d'une recommandation par le gouverneur de Bank Almaghreb en 2007 sur les produits financiers alternatifs.

L'introduction au Maroc des trois techniques de financement « *Ijara, Mourabaha, Moucharaka* » vient dans un contexte de convergence internationale vers la finance islamique. Néanmoins, l'intégration des ces techniques dans les banques classiques se heurte à diverses contraintes et la commercialisation de ces produits est restée très limitée.

L'objet de ce chapitre est de faire une panorama sur Les premiers essais d'intégration de la finance islamique au Maroc, avant de décrire les trois techniques de financement

48

adoptées, d'analyser les contraintes de leur commercialisation et de présager les perspectives de leur développement à travers la synthèse des études réalisées et la compilation des avis des gestionnaires bancaires et des conseillers et spécialistes en finance islamique.

Section 1- Les premiers essais d'intégration [36]

Le premier contact du Maroc avec la finance islamique c'était en 1975, avec son adhésion dans la Banque islamique de développement (BID). Quelques années plus tard, un certain nombre des activités scientifiques et culturelles ont été organisé par des opérateurs universitaires et associatifs, tel que la conférence internationale de février 1989 à Rabat sur la finance islamique, qui a connue la présence des grandes personnalités arabes opérants dans les banques islamiques, parmi lesquels le fondateur de la banque (Mit Ghamr Saving bank) l'ingénieur Ahmad EL NAGGAR.

Le cumul de ces efforts pour installé une expérience bancaire marocain a donné naissance aux plusieurs essaies opéré généralement par le groupe bancaire WafaBank, et par d'autres participants physiques et morals.

§1- le projet des guichets islamiques de WafaBank :

Avec initiation de WafaBank (fusionné actuellement avec BCM en Attijari Wafabank), le Maroc a connue un premier essaie pour l'introduction de la finance islamique en 1990.

---

36   -

-

–

Une initiative du fondateur de groupe Wafabank le feu Moulay Ali Kettani, pour conformer maximum possible ses activités avec les principes de la Charia.

Le groupe bancaire a déposé une demande au premier ministère feu Azzeddine Iraqui, qui n'a exprimé aucune réservation, en affirmant qu'avec aucune repense négative dans un délai fixé, le lancement des nouveaux produits sera possible.

Mais après la diffusion de la première annonce commerciale de ces guichets au journal « le matin du Sahara », le gouverneur de Bank Al Maghreb a demandé aux responsables de la banque de reporter cette initiation à une date ultérieure !!

§2- le fonds islamique d'investissement :

Le groupe WafaBank n'a pas arrêté ses essais malgré les obstacles administratifs ou probablement politiques. Il a crée en 1996 un fond d'investissement (FCP Actions) conforme à la Charia qui a été appelé (Cap *Mocharaka*). Et il a constitué un comité de conformité à la Charia pour suivre ses activités.

Cette expérience a attiré un ensemble des hommes d'affaires qui ont investi dans le fond. Et bien à dire que ce fonds continue ses activités jusqu'à nos jours.

§3- Ouverture d'une filiale de *Dar Almaal Al'islami* à Casa.

Dans la même année (1996) on a assisté à l'ouverture d'une filiale de *Dar Almaal Al'islami* (Faisal Finance) à Casablanca. Elle a pratiqué des activités d'investissements. Mais la filiale a laissé sa place après trois ans de travail.

§4- la société international des affaires et de finance (IBF Group)

En 1998, certain operateurs dans le domaine bancaire et associatif ont crée la société international des affaires et de finance (IBF Group) pour investir dans des projets commerciales et industriels au niveau régional et international.

La dite société a fait des études de faisabilité à la demande du Banque Islamique de développement. Parmi lesquelles une étude sur la possibilité d'acquisition de la banque national de développement économique (BNDE) qu'était émis à la privatisation, mais les autorités monétaires ont refusé clairement cette initiation.

Malgré la langue période passée, et avec l'insiste de plusieurs partenaires, ces premières essais ont données fruit.

Des produits alternatifs ont été relancés dans une recommandation du gouverneur de Bank Al Maghreb. Bien que la dénomination ne fait pas référence à des pratiques islamiques, mais le détail et le fond de la recommandation présente sans doute certain type des mouvements bancaires islamiques.

Section 2- L'introduction des produits alternatifs

La recommandation de Bank Al Maghreb a précisé les dispositions de trois types des produits bancaires islamiques à pratiquer dans les banques conventionnelles qui sont : *la Ijara, la Mocharaka et la Morabaha.*

Cette initiation a donné naissance, après trois ans, d'un premier établissement financière spécialisé dans les produits islamiques cités en haut, c'est le cas de Dar Assafaa.

§1- Recommandation Bank Al Maghreb 2007

« Sans doute Bank Al Maghreb (BAM) a suit le développement des banques islamiques dans le monde, et le mouvement de certains operateurs nationaux. Et le rôle de son gouverneur était un rôle principal et efficace.

Avec tous les efforts fournis sur les niveaux professionnels, associatifs et universitaires, on a assisté finalement au lancement d'une recommandation de Wali de BAM le 13 septembre 2007 qui a donné la permission à l'ouverture des guichets des produits dites alternatifs, comme s'était le nom choisie, dans les banques classiques. »[37]

---

[37]

La recommandation a été établie selon les dispositions de l'ancien loi 34/03 relative aux établissements de crédit et organismes assimilés, notamment l'article 19[38] et vu l'avis du comité des établissements de crédit du 14 Mars 2007.

Elle a été publiée sous le numéro RN 33/G/2007, elle fixe les conditions générales selon lesquelles les établissements de crédit peuvent présenter au public des produits alternatifs. Il n'existait que trois produits : Ijara, Moucharaka et Mourabaha.

Faisons-nous un aperçu sur ces nouveaux produits.[39]

a/- *Ijara* : l'article premier de la recommandation citée définie la Ijara comme «tout contrat selon lequel un établissement de crédit met, à titre locatif, un bien meuble ou immeuble déterminé, identifié et propriété de cet établissement, à la disposition d'un client pour un usage autorisé par la loi ».

---

[38] Extrait de l'article 19 de la loi 34/03 : « Il est institué un comité dénommé "Comité des établissements de crédit" dont l'avis est requis par le gouverneur de Bank Al-Maghrib sur toute question, à caractère général ou individuel, ayant trait à l'activité des établissements de crédit et des autres organismes assimilés visés aux articles 13, 14 et 15 ci-dessus. Le Comité mène également toutes études portant sur l'activité des établissements de crédit et notamment sur leurs rapports avec la clientèle et sur l'information du public. Ces études peuvent donner lieu à des circulaires ou recommandations du gouverneur de Bank Al-Maghrib… »
[39] Recommandation Bank Al Maghreb n° RN 33/G/2007 établie à Rabat le 13 septembre 2007

Le même article précise que Le contrat Ijara peut être en deux types : la location simple et la location assortie de l'engagement ferme du locataire d'acquérir le bien loué à l'issue d'une période convenue d'avance.

b/- *Moucharaka* : la recommandation de BAM a définie la Moucharaka dans l'article 5 comme suit : « tout contrat ayant pour objet la prise de participation, par un établissement de crédit, dans le capital d'une société existante ou en création, en vue de réaliser un profit ».

Dans cette opération les deux parties participent aux pertes à hauteur de leur participation et aux profits selon un prorata prédéterminé.

Cet instrument participatif peut revêtir l'un des deux formes :

- L'établissement de crédit et le client demeurent partenaires au sein de la société jusqu'à l'expiration du contrat les liant ; ce qu'on appelle la Moucharaka Tabita.
- L'établissement de crédit se retire progressivement du capital social conformément aux stipulations du contrat, ce qui est dénommé la Moucharaka Moutanakissa.

c- *Mourabaha* :

La Mourabaha est un contrat de vente au prix de revient majoré d'une marge bénéficiaire connue et convenue entre l'acheteur et le vendeur (*AL Bay'ou bi ribhin ma'loum*). La *Mourabaha* peut revêtir deux aspects : Transaction directe entre un vendeur et un acheteur.

56

C'est une transaction tripartite entre un acheteur final (ou donneur d'ordre d'achat), un premier vendeur (le fournisseur) et un vendeur intermédiaire (exécutant de l'ordre d'achat). Cette dernière formule a été retenue dans les pratiques bancaires islamiques. La Banque intervient en qualité de premier acheteur vis à vis du fournisseur et de revendeur à l'égard de l'acheteur donneur d'ordre (le client). La Banque achète la marchandise au comptant ou à crédit et la revend au comptant ou à crédit à son client moyennant une marge bénéficiaire convenue entre les deux parties.[40]

C'est dans l'article 9 de la recommandation qu'on trouve le sens de la Mourabaha donné par le gouverneur de Bank Al Maghreb, elle est donc tout contrat par lequel un établissement de crédit acquiert, à la demande d'un client, un bien meuble ou immeuble en vue de lui revendre à son coût d'acquisition plus une rémunération convenue d'avance.

Le même article donne la possibilité de règlement par le client donneur d'ordre en un ou plusieurs versements pendant une période convenue d'avance, et l'imputation de la rémunération aux produits de l'établissement de crédit doit se faire de manière étalée, sur la durée de vie du contrat .

Après quelque année de pratique méfiante des produits alternatifs par la majorité des banques marocaines, Dar

---

[40] http://www.labanqueislamique.fr/mourabaha.htm

Assafaa apparue comme un établissement spécialisé dans le rendement de ce type de service.

§2- Expérience de Dar Assafaa

Dar Assafaa crée par Attijariwafa Bank pour rendre les services bancaires basés sur les produits alternatifs, a connait des mesures pour renforcer sa compétitivité, soit par le groupe mère soit par l'Etat, pour donner un bon démarrage, mais plusieurs limités ont accroché cette expérience d'aller plus loin.

a- Présentation de Dar Assafaa

Dotée d'un capital initial de 50 MDH, Dar Assafaa a annoncé le lancement de ses activités de financement alternatif au Maroc en juillet 2010.

Dar Assafaa est la filiale d'une groupe bancaire spécialisée dans le financement alternatif, c'est la société de financement islamique d'Attijariwafa bank. Initialement, Dar Assafaa, dont le capital est contrôlé via Wafa Immobilier, n'était spécialisé que dans l'immobilier. Elle offre désormais, toute une palette de crédits, allant de l'immobilier à l'automobile, en passant par l'équipement ménager ou le crédit personnel.

La décision du gouverneur de Bank Al-Maghrib n° 27 du 28 *joumada* Ier 1431 (13 mai 2010) a porté agrément de « *Dar Assafaa Litamwil* » en qualité de société de financement spécialisée dans la commercialisation des produits alternatifs, publiée au bulletin officiel n° 5852 du 18 *rajeb* 1431 (1 juillet 2010).

« Sous le label « *Dar Assafaa* », la société de financement spécialisé commercialisera une gamme de financements conformes à la Charia, désignés par « alternatifs » selon l'appellation officielle au Maroc. Cette offre comportera notamment les formules de financement: Safaa Immo, Safaa Auto, Safaa Conso et Safaa Tajhiz. Ces produits seront disponibles dans un premier temps à travers un réseau de 9 agences réparties sur 8 villes marocaines (Casablanca, Rabat, Marrakech, Agadir, Meknès, Fès, Oujda et Tanger). »[41]

b- Mesures renforçant la compétitive des produits alternatifs de Dar Assafaa [42]

Le capital de démarrage de Dar Assafaa était relativement modeste, mais Attijariwafa bank ayant exprimé sa disposition à ouvrir le capital de la société à d'autres opérateurs spécialisés, et les perspectives de ce type de financement au Maroc semblant prometteuses maintenant que les contraintes fiscales qui en gênaient le développement ont été levées. Dar Assafaa sera refinancée par sa maison mère et par le groupe via des opérations de type *Moudharaba*.

---

[41] Dar Assafaa Litamwil, première société de financement alternatif au Maroc, https://ribh.wordpress.com
[42] Ibid

Du même l'Etat implantait plusieurs mesures pour renforcer la compétitivité des produits alternatifs après le lancement de la recommandation du gouverneur de Bank Al Maghreb de 2007.

Les dispositions de la Circulaire des Impôts relative à la Loi de finances 2010 ont considérablement réduit la TVA sur la Mourabaha, un des produits alternatifs, de même qu'elles ont instauré la déductibilité de la marge bancaire du revenu imposable du bénéficiaire. Ainsi, depuis le début du janvier 2010 la TVA est appliquée uniquement sur la marge de la banque – et non sur la totalité de l'échéance – et au taux de 10% seulement contre 20% avant cette date.

Un an auparavant, la loi de finance 2009 avait supprimé le double paiement des droits d'enregistrement sur les acquisitions de biens immeubles financés par Mourabaha, qui constituait une charge lourde pour les clients de ce type de financement. Ces mesures ont rendu le financement alternatif compétitif.

Cette initiative répond au constat des équipes d'Attijariwafa bank qui travaillaient sur les produits islamiques qu'au delà des considérations fiscales qui freinaient le développement des produits « alternatifs », il y avait aussi un problème de distribution : ces produits ne peuvent pas marcher tant qu'ils sont distribués dans les agences bancaires classiques. D'où l'idée de s'appuyer sur un réseau de points de vente exclusivement dédiés aux produits islamiques.

Ce qu'explique qu'il existe une véritable volonté d'être proche de la clientèle, d'assurer la croissance de l'activité de la société. En effet, Dar Assafaa est présente dans huit grandes villes, elle dispose d'une dizaine d'agences, dont trois dans la capitale économique, Casablanca.

De plus, la société ne cesse d'étoffer son offre. Désormais, la clientèle a même la possibilité d'ouvrir un compte bancaire et de disposer d'un chéquier et d'une carte de paiement et de retrait. Ce dernier fonctionne donc comme tout compte bancaire, à la différence qu'il ne peut être débiteur et par conséquent, ne supporte pas d'agio[43].-+

c- les limites des ses activités

Dans un article du magazine électronique challenge.ma[44], Mar Bassine explique le rendement très modeste de Dar Assafaa : «au premier semestre 2013, elle affiche une capacité bénéficiaire de 3,5 millions de dirhams seulement. Bien qu'en nette amélioration de 81% par rapport à la même période 2012, ce résultat reste encore faible.»

En faisant une comparaison, il ajoute : « Il serait difficile d'en faire plus si l'on sait que l'activité est très limitée. En effet, son encours global des créances sur la clientèle est limité à

---

[43] Mar Bassine, Dar Assafaa ne convainc toujours pas, Challenge.ma, 13 NOVEMBRE 2013
[44] Mar Bassine, op cité.

quelque 708 millions de dirhams et ne permet de générer qu'un modeste produit net bancaire (PNB), limité à 7,5 millions de dirhams.

A titre de comparaison, Eqdom, leader du secteur des sociétés de financement cumule quelque 10,2 milliards de dirhams d'encours de crédit clientèle à fin juin 2013, pour un PNB semestriel de 357 millions de dirhams. Même une société de crédit de taille modeste comme la Sofac cumule quelque 2 milliards de dirhams d'encours de créances sur la clientèle, soit près de trois fois plus que Dar Assafaa. »

Dar Assafaa a connait aussi l'absence d'un département important dans les banques islamiques qui évite une remise en question de sa conformité, c'est un Comité de conformité à la *Charia* (Sharia Board) indépendant pour procéder à la certification de l'ensemble de ses opérations.

Il va sans dire que l'ensemble des banques marocaines observent avec beaucoup d'intérêt l'évolution de Dar Assafaa. Car, c'est pour elles, une sorte de ballon d'essai, en attendant que les banques islamiques soient autorisées de manière plus claire, à travers la nouvelle loi bancaire.

Les obstacles juridiques et économiques de cette expérience ont poussé les autorités financières d'accélérer les efforts pour instaurer un cadre juridique complet des banques participatives

Depuis la création de la banque islamique de développement (BID) en 1975, le Maroc a engendré plusieurs initiations pour la création des banques islamiques, mais l'expérience timide des produits alternatifs et la création de Dar Safaa n'était pas suffisante pour un pays comme le Maroc.

La logique et l'intérêt de l'économie nationale face à la concurrence des pays de golfs et de certain autres pays islamiques et même occidentaux, c'est l'installation des banques qui pratiquent la finance islamique avec n'importe quelle extension choisie.

Partie II :

Le régime juridique des banques participatives

Au Maroc, les efforts des députés de parlement surtout du parti de justice et de développement (PJD) ont tracé des grands pas dans l'histoire de la finance islamique. De toute évidence, dès leur prise des commandes, ils vont œuvrer pour le développement de ce type de finance au Maroc.

Dès janvier 2012, le groupe parlementaire de PJD propose un projet de loi relatif à la mise en place d'un système bancaire et financier islamique englobant les banques (d'investissement et de financement), assurances, sukuks et institutions financières assimilées (fonds d'investissement, sociétés de gestion d'actifs, etc.).

Dans sa mouture initiale, le projet proposé prévoit un système islamique indépendant qui cohabiterait avec le système financier conventionnel, à la Malaisienne. Le projet donne aussi la possibilité aux banques de créer des fonds caritatifs et de Zakat ainsi que d'initier des opérations d'acquisition et de gestion des participations financières par le biais des contrats Moudaraba et Moucharaka.

A partir du 5 mars 2015, le Maroc s'est doté d'une nouvelle catégorie d'établissements bancaires dont les produits et les services doivent être conformes aux règles de la *Chariaâ* (les banques participatives). Ce texte attendu par les acteurs bancaires nationaux et internationaux et par une grande partie de la population marocaine, est le fruit d'une réflexion bien étudié au sein de Bank Al-Maghrib et affinée par le retour d'expérience des pays pionniers dans la finance islamique.

Un papier de DLP Piper appelé : Banques participatives au Maroc : Client Brief précise que « Dans un souci de cohérence, le législateur marocain a fait le choix judicieux d'intégrer le cadre juridique de la banque participative au sein de la nouvelle loi bancaire. En effet, le titre III de celle-ci est entièrement consacré aux banques participatives. Selon la nouvelle loi, les banques participatives sont agréées selon les mêmes conditions et exigences réglementaires applicables aux banques conventionnelles et sont tenues en outre d'adhérer à une association professionnelle.

Cette nouvelle catégorie d'établissements bancaires peut aussi bien proposer les services bancaires classiques que les opérations commerciales, financières et d'investissement participatifs à condition que celles-ci ne donnent en aucun cas lieu à la perception et/ou au versement d'intérêt. Quant à la structure juridique choisie par les opérateurs économiques pour l'exercice de cette nouvelle activité, diverses options s'offrent à eux. Pour les banques marocaines filiales de groupe bancaire étranger, le choix est de proposer les produits participatifs via un guichet affecté: le Guichet islamique, « the Islamic Window ». »

Le papier ajoute : «… pour les nouveaux entrants sur le marché bancaire marocain, notamment les banques des pays du golf spécialisées en finance islamique, la création d'une filiale dédiée a été retenue ; c'est également la création de filiale commune dédiée à la banque participative qui a été choisie comme structure de partenariat entre les banques locales et les nouveaux entrants spécialisés en finance islamique ».[45]

Notons que l'offre de produits participatifs est convenu aux banques participatives comme aux banques conventionnelles peuvent, après agrément de Bank Al-Maghreb, proposer ces produits à une clientèle de personnes privées. Il ne relève d'aucun monopole
Cependant, les banques participatives ne peuvent pas proposer de produits conventionnels.

---

[45] BANQUES PARTICIPATIVES AU MAROC : CLIENT BRIEF 2016 DLA Piper. All rights reserved. | JUN16 | 3058518 page 1

Chapitre 1 : Les instruments participatifs et de financement

Le nombre de produits financiers islamiques a invariablement augmenté au cours des trente dernières années et les principes islamiques ont été déclinés dans la plupart des domaines financiers. L'assurance islamique, Takaful, est apparue ainsi au cours des années 1980 et la décennie suivante a été témoin de l'arrivée des premiers produits islamiques structurés.

Si la plupart des produits financiers islamiques répondent aux mêmes besoins que les instruments financiers traditionnels, ils s'appuient sur des mécanismes financiers élémentaires propres à la Finance Islamique. L'essentiel des instruments financiers islamiques sont structuré en utilisant des combinaisons différentes de ces mécanismes.[46]

A l'intérieur des diverses techniques de financement islamiques on peut distinguer deux grandes familles qui s'apparentent aux deux principaux modes de financement en finance conventionnelle : le financement en fonds propres et la dette. Le poids relatif de ces deux classes d'instruments financier est également proche de la répartition que l'on peut observer dans un système financier classique. Si, en théorie, la Finance Islamique préconise l'utilisation de techniques de financement participatives, en pratique, les instruments de financement, comme la Mourabaha, sont privilégiés par les acteurs : la Mourabaha représente près de 60% des activités financières islamiques, alors que les deux principaux

---

[46] CDVM, La finance islamique, Etude, Octobre 2011, http://www.ammc.ma/ consulté le 19/08/2016

instruments participatifs (la *moudarabah* et la *Moucharaka*) en représentent moins d'un cinquième.

Donc, ce chapitre sera réservé, comme l'indique son intitulé, à ces deux points. C'est d'abord les instruments de financement (section 1) qui représentent actuellement la majorité des activités bancaires islamiques, et les instruments participatifs (section 2).

Soulignons que le traitement de ces dispositifs sera limité juste aux produits proposés par la loi marocaine 103-12 relative aux établissements de crédit et organismes assimilés.

Section 1 : les instruments de financement

En finance islamique, il existe des instruments financiers dont le fonctionnement est proche de celui de la finance conventionnelle, mais avec quelques différences fondamentales. Les instruments de dette islamiques, qui sont en réalité des instruments d'échange, prévoient, une répartition du risque spécifique et exclut la rémunération sous forme d'intérêt ou de la *Riba*.

Les contrats de financement islamiques choisis par le législateur marocain sont: la *Mourabaha*, l' *Ijara*, le *Salam*, l' *Istisnaa*.

§ 1 : Mourabaha

La « Mourabaha » est l'un des instruments financiers les plus utilisés par les institutions financières islamiques. Il s'agit en général d'un financement à court terme. Concrètement, le client demande à sa banque de bien vouloir financer l'achat d'un bien déterminé, qui peut être un bien meuble ou immeuble. La banque l'achètera alors à un fournisseur, pour un prix déterminé, et le revendra au client à un prix majoré et payable à terme. Le prix majoré n'est pas fonction du délai de paiement. Le paiement peut faire l'objet d'un seul versement ou être réparti sur plusieurs échéances. [47]

L'article 58 de la loi 103-12 explique Mourabaha comme « tout contrat par lequel une banque participative vend à son

---

[47] Raymond MBADIFFO, op cité.

client un bien meuble ou immeuble déterminé et propriété de cette banque, à son coût d'acquisition argumenté d'une marge bénéficiaire, convenus d'avance »[48].

L'objet du contrat Mourabaha doit être conforme aux prescriptions de la *Charia* (pas de financement de produits prohibés par l'Islam).

Acquisition préalable des marchandises par la Banque. En effet, le principe de base de la Mourabaha est que la marge bénéficiaire revenant à la Banque ne se justifie que par le caractère commercial et non financier de la transaction (l'achat et la revente doivent être réels non fictifs). A cet égard, il y a lieu de rappeler que si la Mourabaha, telle que pratiquée par les Banques Islamiques, est une opération de vente à terme, l'opération de crédit n'est qu'un accessoire à l'opération commerciale, laquelle constitue la seule justification de la rémunération perçue par la Banque même si le paiement différé entre en ligne de compte dans la différence de prix..

Le prix de revient, la marge bénéficiaire de la Banque et le(s) délai(s) de paiement doivent être préalablement connus et acceptés par les deux parties.

En cas de retard dans le paiement des échéances, la Banque peut appliquer au client défaillant des pénalités de retard qui seront logées dans un compte spécial « Produits à liquider ».

---

[48] La loi 103-12 relative aux établissements de crédit et organismes assimilés

Mais à aucun moment elle ne peut réviser en hausse sa marge bénéficiaire en contrepartie du dépassement de délai. En outre, en cas de mauvaise foi du client, la Banque est en droit de réclamer, en sus des pénalités, un dédommagement des échéances non honorées. Auquel cas, il conviendrait d'évaluer le préjudice par rapport à des critères objectifs propres à la Banque et éviter toute référence aux taux d'intérêts.

Après la réalisation du contrat Mourabaha, la marchandise devient la propriété exclusive et définitive de l'acheteur final et le demeurera quels que soient les incidents qui peuvent survenir par la suite. Toutefois, la Banque peut prendre un gage sur les marchandises vendues en garantie du paiement des prix de vente et mettre en jeu ce gage le cas échéant. De même, elle peut tenir compte des cas de mévente du client et accorder à ce dernier un rééchelonnement de son échéancier sans que cela n'entraîne une majoration de prix.[49]

La Mourabaha suppose, donc, que le créancier (la banque) achète un actif donné à un prix connu des deux parties pour le compte de son client. Ensuite, le créancier (la banque) revend cet actif au client moyennant des paiements échelonnés ou non sur une période donnée, à un prix convenu d'avance entre les deux parties supérieur au prix d'achat.

Ce produit financier, quoi que singulièrement très proche d'un contrat de dette classique, il s'en distingue, néanmoins, sur quelques points essentiels. En effet, la banque est devenue propriétaire effectif de l'actif sous-jacent, l'opération est

---

[49] http://www.labanqueislamique.fr/mourabaha.htm

réellement adossée à un actif réel. Il ne s'agit donc pas d'un prêt, mais d'une opération de vente à crédit (achat au comptant et vente à terme).

Par ailleurs, dans cette opération, la banque supporte donc les risques liés à la détention de l'actif et ceci constitue la principale justification de sa marge. D'un autre côté, il n'y a pas de référence explicite à un taux d'intérêt. Le créancier se rémunère par le biais d'une majoration du prix d'achat du bien. Le montant de la marge bénéficiaire ne varie pas dans le temps : il est fixé au préalable et ne varie pas pendant la durée du financement.[50]

C'est un des instruments financiers les plus utilisés par les institutions financières islamiques, puisqu'il est un instrument financier très flexible et facilement adaptable. Traditionnellement utilisée pour le financement du commerce, la Mourabaha est à la base d'une grande variété de pratiques financières islamiques, allant du financement immobilier au financement de projets.

Le contrat de *Mourabaha* se distingue du prêt d'argent classique sur quatre points [51]:

---

[50] Wadi Mzid, la finance islamique : principes fondamentaux et apports potentiels dans le financement de la croissance et du développement, http://www.banquezitouna.com/Fr

[51] Centre du commerce international, Le système bancaire islamique, ITC, Genève, 2009

-Le banquier, en tant que vendeur au titre de la Mourabaha, doit, d'une manière ou d'une autre, être de fait propriétaire du bien, en avoir la possession de droit, physique ou matérielle;

- La Mourabaha peut être prolongée. Cette extension ou ce renouvellement ne peut pas entraîner une augmentation du prix ou du bénéfice pour le vendeur. Il s'agit là de la règle de base de la *riba* qui interdit au créancier d'offrir un report supplémentaire du paiement contre davantage d'argent;

-Si le paiement est effectué en retard, aucun intérêt de retard ne peut être imposé par le créancier;

- La plupart des jurisconsultes de la *charia* n'apprécient guère les ventes nettes, les rabais dans les ventes ou les escomptes pour paiement anticipé lorsqu'ils sont prévus dans le contrat. Mais ils ne voient pas d'inconvénient à ce que le financier décide d'accorder un escompte/rabais.

Le règlement à terme du montant d'achat dans le contrat *Mourabaha* suppose l'apport d'une avance, c'est pourquoi la finance islamique propose un autre produit qui permet de régler les traites d'achat par des mensualités et sans avance.

§ 2 : Ijara

Al Ijara est le contrat par lequel une banque achète un bien et le loue à un entrepreneur contre un loyer. Il est à préciser que la durée de la location comme les montants des loyers sont fixés à l'avance.

L'article 58 définit la « *Ijara* » comme « tout contrat selon lequel une banque participative met, à titre locatif, un bien meuble ou immeuble déterminé et propriété de cette banque, à la disposition d'un client pour un usage autorisé par la loi. »

Elle peut prendre deux formes :
- Ijara tachghilia, qui signifie la location simple,
- Ijara montahia bi-tamlik, dont le propriétaire du bien, meuble ou immeuble, loué est transférée au client selon les modalités convenues entre les parties.

Le professeur Wadi Mzid explique qu' : « Une opération de « *Ijara* » consiste pour le créancier (la banque) à acheter des biens qu'il loue à un client pouvant bénéficier de la possibilité de rachat au terme du contrat.
L'Ijara est très proche, dans la forme et dans l'esprit, d'un contrat de crédit-bail.

Il signale quelque différence en détail :
« En cas de retard dans les paiements, il n'est pas possible de prévoir le paiement d'intérêts de retard, d'abord, parce que la pénalité fixe est assimilable à un taux d'intérêt. Mais aussi, parce que la philosophie musulmane réprouve toute provision dans un contrat financier qui pénalise un débiteur de bonne foi déjà en difficulté.

Dans un contrat de crédit-bail, il est possible, en cas de besoin, de rééchelonner les paiements. Selon la loi islamique, le caractère d'un contrat est sacré : toute modification des termes contractuels ne peut se faire qu'au travers de la signature d'un nouveau contrat.

Dans un contrat d'Ijara, les paiements ne peuvent pas commencer avant que le preneur ait pris possession du bien en question, alors que dans un contrat de crédit-bail classique, les paiements peuvent commencer à partir du moment où le bailleur achète l'actif sous-jacent.

Dans un crédit-bail conventionnel, le risque de destruction ou de perte de l'actif peut être porté par le bailleur ou par le preneur (généralement c'est le preneur). Dans un contrat de «Ijara », c'est le bailleur qui continue à avoir la responsabilité du bien, sauf en cas de malveillance ou négligence du preneur.

En cas de disparition de l'actif sous-jacent, certains contrats de crédit-bail prévoient le maintien des paiements. Cette clause est contraire aux principes islamiques : contrat financier et actifs sous-jacents sont inextricablement liés; la disparition du dernier entraîne automatiquement la nullité du premier.

Dans un contrat de «Ijara », il est possible de déterminer le montant de chaque paiement non pas préalablement mais à la date prévue de la livraison de l'actif sous-jacent. Cette flexibilité rend cet instrument particulièrement utile dans le cas de financement de projets, une activité où l'incertitude sur la rentabilité future d'un projet d'investissement peut être importante.

Dans une «Ijara », la créance et l'actif étant indissociables, toute opération de titrisation doit obligatoirement porter sur les deux. Contrairement au cas du crédit-bail conventionnel où la société peut titrer la créance sans pour autant perdre la propriété de l'actif sous-jacent.

Dans un contrat Ijara, le prix résiduel doit être nul pour éviter toute incertitude découlant de la détermination d'un prix futur inconnu des parties ». [52]

§ 3 : Salam

La vente «*Salam*» est une vente à terme, c'est-à-dire une opération où le paiement se fait au comptant alors que la livraison se fait dans le futur. La Charia islamique interdit, en principe, la vente d'un bien non-existant car celle-ci implique le hasard (*gharar*). Mais, pour faciliter certaines opérations, notamment dans l'agriculture, des exceptions ont été accordées.

Le Prophète *Mohamed* salut et prières du dieu sur lui, autorisait les fermiers à vendre à terme un produit agricole non encore récolté, l'acheteur acquittant le prix intégral le jour un et les parties convenant de la quantité à livrer et du moment de la livraison. Les fermiers pouvaient ainsi utiliser l'argent payé comme capital pour commencer à cultiver. À l'échéance, le fermier livrait la quantité convenue de produits à l'acheteur. [53]

---

[52] Wadi Mzid, la finance islamique : principes fondamentaux et apports potentiels dans le financement de la croissance et du développement, http://www.banquezitouna.com/Fr

[53] Centre du commerce international, Le système bancaire islamique, ITC, Genève, 2009 Page 08

Le législateur marocain comme plusieurs législations qui exerce la finance islamique a laissé la possibilité de pratiquer la vente *Salam*.

C'est donc tout contrat en vertu duquel l'une des deux parties, banque participative ou client, verse d'avance le prix intégral d'une marchandise dont les caractéristiques sont définies au contrat, à l'autre partie s'engage à livrer une quantité déterminée de ladite marchandise dans un délai convenu. [54]

§ 4 : *Istisnaa*

Al Istisna'a est un contrat d'entreprise d'un bien à construire ou fabriquer avec le plus souvent paiement progressif du prix au fur et à mesure que le bien est construit ou fabriqué. Al istisna'a ne nécessite ni le paiement intégral du prix, ni la détermination précise de la date de livraison.

Ce contrat financier Al istisna'a permet à un acheteur de se procurer des biens qu'il se fait livrer à terme. A la différence du (*Salam*), dans ce type de contrat, le prix, convenu à l'avance, est payé régulièrement tout au long de la fabrication du bien. Les modalités concrètes du paiement sont déterminées par les termes de l'accord passé entre l'acheteur et le vendeur (en l'occurrence la banque participative). Cette

---

[54] La loi 103-12 relative aux établissements de crédit et organismes assimilés, article 58

structure de financement est essentiellement utilisée dans l'immobilier, la construction navale et l'aéronautique.[55]

D'après la loi 103-12 l'istisna'a est « tout contrat d'acquisition de choses nécessitant une fabrication ou une transformation en vertu duquel l'une des deux parties, banque participative ou client, s'engage à livrer la chose, avec des caractéristiques définies et convenus, fabriquée ou transformée, à partir des matières dont il est propriétaire, en contrepartie d'un prix fixe dont le paiement s'effectue par l'autre (moustasnii) selon les modalités convenus. »

Etant donné la diversité des produits financiers islamiques de financement, on constate pratiquement que la Mourabaha est la pratique la plus utilisé, bien que l'Ijara présente un avantage spécial pour les clients particuliers qui ne peuvent pas assurer une avance pour acquérir un bien. Tant que les autres produits demandent aussi de temps pour être plus claire et convaincre les collaborateurs des banques islamiques.

---

[55] Wadi Mzid, la finance islamique : principes fondamentaux et apports potentiels dans le financement de la croissance et du développement, http://www.banquezitouna.com/Fr

Section 2 : les instruments participatifs ou contrats de partenariat

Comme on a déjà vue en haut, les instruments de finance constituent la part du lion dans les pratiques financières islamiques, mais pour réaliser un taux de croissance développé et une grande valeur ajouté à la production intérieure brute, il faut encourager les instruments participatifs ou les contrats de partenariat qui visent à créer de la richesse.

La finance islamique présente toute une gamme des produits dans ce domaine, parmi les quels on peut citer la *Moudaraba* et la *Moucharaka* dont le législateur marocain nome comme deux exemple des contrats de partenariats islamiques

§ 1 :M*oudaraba*

La *Moudaraba* est un contrat sous forme de société en participation. C'est un contrat de partenariat dans lequel la banque (rab-el-maal) procède à un apport en capital, tandis que l'entrepreneur (moudareeb) fait un apport en industrie (un savoir-faire, une expertise, etc.). La banque n'est pas autorisée à participer à la gestion. Les bénéfices sont partagés selon une clé de répartition prévue dans le contrat mais les pertes éventuelles sont entièrement supportées par la banque. La rémunération est constituée d'un pourcentage de bénéfices, de l'entrepreneur, fixé à l'avance.

La *Moudaraba* est un contrat qui met en relation un investisseur (Rab el Maal) qui fournit le capital et un entrepreneur (Moudharib) qui fournit son expertise. Dans cette structure financière, proche de l'organisation de la société en commandite en France, la responsabilité de la gestion de l'activité incombe entièrement à l'entrepreneur. Les bénéfices engrangés sont partagés entre les deux parties prenantes selon une répartition convenue à l'avance après que l'investisseur ait recouvré son capital et que les frais de gestion de l'entrepreneur aient été acquittés. En cas de perte, la «Moudharaba» diffère de la société par commandite), c'est l'investisseur qui en assume l'intégralité, l'entrepreneur ne perd que sa rémunération.

Une variante de la *Moudaraba*, la *Moudaraba* à deux volets, permet aux banques islamiques de jouer un rôle d'intermédiation proche de celui des banques conventionnelles. Dans cette structure, la banque joue simultanément le rôle d'investisseur et d'entrepreneur. Du côté du passif, en tant que (Moudarib), elle gère des dépôts qui lui sont confiés par ses clients. Du côté de l'actif, elle met les fonds ainsi collectés à la disposition d'autres investisseurs. La rémunération de l'emprunteur dans ce type de contrat financier, dépend directement du rendement de son projet d'investissement, ce qui le pousse à gérer au mieux les fonds qui lui sont confiés.

Dans d'autres formes, la banque pourrait être le bailleur de fonds (Rab el Maal) et c'est le client qui devient (Moudarib). La (Moudarba) est particulièrement adaptée au financement des petites entreprises innovantes (notamment dans le domaine de l'immatériel) et s'apparente le plus à la notion de capital risque.

En profitant de l'expérience relativement longue de la finance islamique dans le monde, la nouvelle loi bancaire marocaine définit la Moudaraba comme « tout contrat mettant en relation une ou plusieurs banques participatives (Rab el mal) qui fournissent le capital en numéraire et/ou en nature, et un ou plusieurs entrepreneurs (Moudarib) qui fournissent leur travail en vue de réaliser un projet. »[56]

La responsabilité de gestion de projet – ajoute le texte législatif – incombe entièrement au(x) entrepreneur(s). Les bénéfices réalisés sont partagés selon une répartition convenue entre les parties. Mais pour les pertes, il sont supportées exclusivement par Rab el Mal, sauf en cas de négligence, de mauvaise gestion, de fraude ou de violation des stipulation au contrat par le Moudarib.

La figure suivante explique clairement les principes de la Moudaraba [57]

---

[56] La loi 103-12 relative aux établissements de crédit et organismes assimilés, article 58
[57] Chekbab Oualid et autres, présentations sur les banques islamiques sous l'angle réglementaire, comptable et fiscal,
https://www.emaze.com/@ALFZOZCR/Présentation1-BI--les-cadres-
...pptx

LE CONTRAT MOUDARABA (TRUST FINANCING)

Cet instrument participatif suppose le partage de profit et l'engagement de Rab el Mal de supporter la perte, mais il reste toujours un cas exceptionnel dans la finance islamique qui exige le principe de partage de perte et de profit.

D'ailleurs, Il existe un autre type de financement participatif qui respecte le principe des 4P.

§ 2 : *Moucharaka*

La « Moucharaka » est un contrat sous forme de société en commandite simple, en vertu de laquelle la banque et l'entrepreneur apportent chacun des capitaux en vue d'un projet spécifique. Une autre possibilité est une prise de participation de la banque dans le capital d'une entreprise existante. La répartition au prorata, entre la banque et l'entrepreneur, des bénéfices escomptés, fait l'objet d'un contrat entre les parties. Les pertes sont partagées en fonction de l'apport en capital. La banque est autorisée à participer à la gestion, mais peut aussi ne pas faire usage de ce droit. Il existe des contrats « Moucharaka » avec participation constante ou décroissante. La banque conserve la part de bénéfice de l'utilisation pour le remboursement de l'apport en capital.

La «Moucharaka» est la traduction de «l'association». Dans cette opération, deux partenaires investissent ensemble dans un projet et en partagent les bénéfices en fonction du capital investi. Dans l'éventualité d'une perte, celle-ci est supportée par les deux parties au prorata du capital investi. La nature de cette opération s'apparente finalement à une joint-venture.

Il n'y a pas de forme unique de la «Moucharaka » : la loi islamique ne prévoit pas en détail toutes les modalités de cette opération mais en précise uniquement les grands principes. Il existe donc des formes diverses de la «Moucharaka» et de nouvelles variantes pourraient être imaginées.

Une forme intéressante de la moucharaka est « la Moucharaka» dégressive (diminishing Musharaka) : une opération où la part de l'un des associés dans l'association est progressivement rachetée par les autres associés.

Si les spécialistes s'accordent à dire que la «Moucharaka » est probablement l'instrument financier islamique le plus fidèle aux préceptes fondamentaux de la Charia, cette technique de financement est, dans la réalité, très peu utilisée. Elle est utilisée essentiellement dans des projets d'investissement à petite échelle.[58]

La Moucharaka désigne selon toujours le législateur marocain « tout contrat ayant pour objet la participation, d'une banque participative, à un projet, en vue de réaliser un profit.»[59]

Les parties du contrat Moucharaka supportent les pertes à hauteur de leur participation et partage les profils selon un pourcentage prédéterminé.

Il existe deux formes de la Moucharaka :
- Moucharaka tabita : la participation des parties au projet demeure jusqu'au terme du contrat les liant ;
- Moucharaka moutanaqissa (dégressive) : la banque se retire progressivement du projet conformément aux stipulations du contrat.

---

[58] Wadi Mzid, la finance islamique : principes fondamentaux et apports potentiels dans le financement de la croissance et du développement, http://www.banquezitouna.com/Fr
[59] La loi 103-12 relative aux établissements de crédit et organismes assimilés, article 58

Tableau. Instruments de financement des banques islamiques[60]

Tableau 1. Instruments de financement des banques islamiques		
Prêt sans intérêt	Contrats d'échange	Contrats hybrides
• Échange d'argent contre argent • Garantie du principal • Aucun frais supplémentaire autorisé • Transaction sans but lucratif (Tabarru)	• Contrats de vente et de location (Mourabaha, Salam, Istisna, Ijara) • Échange d'argent contre bien • Prix déterminé avant l'échange • Une fois le prix déterminé, le rendement pour la banque est certain • Dette découle de la vente et de la location	• Mise en commun de fonds (capital) et ratio de partage du profit déterminé à l'avance • Contrats de partenariat (Moucharaka, Moudaraba) • Capital doit être investi • Pas de garantie sur le principal et le rendement • Bénéfice incertain; dépend des résultats de l'activité

Les instruments basés sur un échange (vente et crédit-bail/location-vente) débouchent sur des rendements prédéterminés pour les banques islamiques, lesquelles ne sont pas exposées au risque commercial auquel est exposé le client. En revanche, ces banques sont exposées à ce risque via les instruments basés sur un partenariat (Moucharaka et Moudaraba). Par conséquent, dans la pratique, les banques islamiques préfèrent financer leurs clients par le biais des contrats de vente et de crédit-bail/location-vente. Elles peuvent ainsi limiter les risques encourus au risque de défaut

---

[60] Centre du commerce international, Le système bancaire islamique, ITC, Genève, 2009 page 11

de paiement du client. Les instruments basés sur le partenariat sont généralement réservés aux clients qui ont fait leurs preuves au plan professionnel et dont la capacité de remboursement est avérée.[61]

---

[61] Ibid. page 10

Chapitre 2 : Instances de conformité et cadre institutionnel

Le système financier islamique est bâti autour de deux modèles différents. D'une côté, existe le modèle dualiste dans lequel le système occidental cohabite avec le modèle islamique. De l'autre, il existe des systèmes totalement islamisés où le fonctionnement de l'industrie bancaire est régi par les règles de la charia. Trois pays appliquent ce dernier modèle : le Pakistan ; le Soudan et l'Iran.

Pour mieux comprendre le rôle de la banque participative, il faut le situé dans une sphère institutionnelle convenable en déterminant ses instances de conformité et un cadre institutionnel qui peut simplifier ses fonctions.
En différence avec plusieurs expériences des pays arabo-islamiques qui ont choisissent d'instaurer une loi spécifique à la banque islamique, la législation marocaine a décidé de placer les dispositions de la banque participative dans la nouvelle loi bancaire nommé la loi 103-12 relative aux établissements de crédit et organismes assimilés.

La banque participative est donc un type de banque qui est relation de tutelle organisationnelle avec la banque centrale d'une part, mais puisqu'elle a un cadre spécifique, elle a une relation fonctionnelle avec le conseille supérieur des Oulémas.

Section 1 : Instances de conformité

Au Maroc le contrôle administratif et financier du système bancaire est confié à des organismes et des institutions divers comme Bank Al Maghreb. L'industrie de la finance islamique fonctionne différemment. Cette différence est marquée par l'émergence de nouveaux types de contrôle d'ordre religieux, qui étaient propres à la finance islamique. Cette structure bancaire islamique doit être conforme aux normes internationales en abritant dans son sein une banque centrale. Cette conformité nécessite l'étude du rôle du conseil supérieur des Ouléma comme instance de conformité religieuse et le rôle de Bank Al Maghreb comme autorité financier extrême.

§ 1- Conseil supérieur des Ouléma
Pour encadrer l'offre de produits participatifs, la nouvelle loi bancaire a instauré deux instances de conformité.

La loi 103-12 précise dans son chapitre II du titre V que le conseil supérieur des Ouléma prévu au dahir n° 1-03-300 portant réorganisation des conseils des ouléma émit les avis conformes prévus aux banques participatives.

Ces banques adressent, à la fin de chaque exercice, au Conseil supérieur des Ouléma, un rapport d'évaluation sur la conformité de leurs opérations et activités aux avis conformes du dite conseil.[62]

---

[62] Article 63 de la loi 103-12 relative aux établissements de crédit et organismes assimilés

Et pour que le conseil supérieur des Ouléma assume ses responsabilités en se qui concerne la conformité avec les préceptes de l'islam des produits des finances participatives, le législateur marocain exige, d'une part, la mise en place d'une fonction de conformité dans les banques participatives, et d'une autre part, la création de la commission des finances participatives au scin du Conseil Supérieur des oulémas[63].

Fonction de conformité

La plupart des institutions financières islamiques et de banques conventionnelles offrant des produits islamiques disposent d'un comité de conformité, appelé communément « Sharia Board ». Elle établit de façon indépendante les conditions de validité des transactions au regard des règles et des principes de la *Chariaa*.

Ce comité est un organe collégial composé en général de 4 à 7 Oulémas (savants de la *Charia*), qui ont tous une compétence avancée en matière bancaire et financière. Selon l'institution financière, les membres des comités peuvent ne pas être permanents, et se réunir périodiquement, afin d'examiner la conformité des produits et des processus.[64]

Les banques participatives sont tenues, pour s'assurer de la conformité aux règles de la charia, de mettre en place une fonction de conformité dont les conditions et les modalités de fonctionnement sont fixé par circulaire du wali de Bank Al Maghreb, après avis du comité des établissements de crédit.

---

[63] Dahir 1.15.02 relative à la création de la commission des finances participatives au sein du Conseil Supérieur des oulémas
[64] Le Sharia Bord, http://fr.financialislam.com/ consulté le 17/06/2016

La nouvelle loi bancaire a instauré au sein des banques participatives et des banques conventionnelles, proposant les produits et services participatifs, une fonction conformité *Chariaa* « Chariaâ compliance » dont les modalités de fonctionnement doivent être fixées par une circulaire de Bank Al-Maghrib .

La fonction se charge de quatre attributions :65

a) l'identification et la prévention des risques de non-conformité de leurs opérations et activités aux avis conformes du conseil supérieur des Ouléma.

b) le suivi et l'application des avis conformes du conseil précité et d'en contrôler le respect.

c) l'établissement et le respect du manuel des procédures.

d) la recommandation à l'adoption des mesures requises en cas de non respect avéré des conditions imposées pour la présentation au public d'un produit ayant fait l'objet d'un avis conforme du conseil supérieur des Ouléma.

Cette attribution s'applique à tous les établissements et organismes agréés pour exercer les opérations des banques participatives.

La commission des finances participatives
Le Dahir 1.15.02 de création de la commission des finances participatives au sein du Conseil Supérieur des oulémas est

---

[65] Article 64 de la loi 103-12

publié en langue arabe dans le bulletin officiel du 09 février 2015.

La commission des finances participatives devra statuer «sur la conformité avec les préceptes de l'islam des produits des finances participatives proposés par les établissements d'assurance à leurs clients».

La commission des finances participatives aura également pour mission de donner son avis sur les notes émises par le Wali de Bank Al Maghreb, concernant les produits des finances participatives, les certificats d'investissement, les opérations des caisses d'assurance et les dépôts des banques participatives.

La commission des finances participatives sera composée de 09 membres : tous des oulémas spécialisés dans la jurisprudence islamique et reconnus pour leur capacité de statuer dans les questions qui leur seront présentées.

La commission aura également recours à cinq experts permanents spécialisés dans les domaines juridiques et en lien avec les finances participatives, les transactions bancaires, les assurances, les marchés des capitaux.

Il est à signaler que les organismes voulant bénéficier de l'expertise de cette commission devront, chacun selon son secteur, passer par le biais d'une autorité régulatrice.

Ainsi, Bank Al Maghreb relayera les demandes d'avis des établissements de crédit. Les sociétés d'assurances et de réassurances devront déposer leur demande via l'Autorité de contrôle des assurances et de la prévoyance sociale. L'Autorité Marocaine du Marché des Capitaux sera chargée des certificats d'investissements conformes à la loi islamique.[66]

§ 2- Bank Al Maghreb

En vue de s'assurer de la conformité des activités des banques participatives, elles sont tenues d'adresser un rapport sur leur activité.

À ce titre l'article 65 de la loi 103-12 stipule le suivant : « les banques participatives sont tenues de communiquer à Bank al Maghreb, dans les conditions fixées par circulaires du Wali de Bank al Maghreb, après avis du comité des établissements de crédit, un rapport sur la conformité de leur activité aux dispositions du présent titre (Banques participatives) »

En résumé on peut dire que les instances de conformité sont répartie en deux : le conseil supérieur des oulémas qui a instauré une commission de la finance participative et qui a exigé une fonction de conformité dans ces banques.
Et Bank al Maghreb qui a exigé de son coté, des rapports sur la conformité de leur activité aux dispositions de la loi 103-12

---

[66] http://www.habous.gov.ma/

Section2 : Cadre institutionnel

Après avoir parler des instances de conformité en ce qui concerne les banques participatives, à savoir : Conseil supérieur des Ouléma et Bank Al Maghreb, il serait utile de présenter leur cadre institutionnel tel qu'il est présenté à loi bancaire.

On abordera dans un premier point la relation des banques participatives avec l'association professionnelle des banques et les banques offshores, pour présenter le rôle du Fonds de garantie des dépôts des banques participatives.

§ 1- Association professionnelle des banques et les banques offshores

Article 66[67] stipule le suivant : « les banques participatives exerçant les activités prévues par le présent titre (Banques participatives) sont tenues d'adhérer à l'association professionnelle.. ».

L'association professionnelle des banques et les banques offshores exerce plusieurs activités selon la loi relative aux établissements de crédit et organismes assimilés.[68]

Elle étudie les questions intéressant l'exercice de la profession, notamment l'amélioration des techniques des banques et des crédits, l'utilisation de nouvelles technologies,

---

[67] La loi 103-12
[68] Article 33

la création de services communs, la formation de personnel et les relations avec les représentants des employés.

Elle peut être consultée par le ministre chargé de finance et le Wali de Bank al Maghreb sur toute question intéressant la profession, de même elle peut soumettre à eux des propositions dans ce domaine.

L'association professionnelle des banques et les banques offshores serve également d'intermédiaire, pour les questions concernant la profession, entre ses membres d'une part, et les pouvoirs publics ou tout autre organisme national ou étranger, d'autre part.

Elle doit informer le ministre chargé de finance ou wali Bank AL Maghreb de tout manquement, dont elle a eu connaissance, dans l'application par ses membres des dispositions de la loi.

L'association est habilitée à ester en justice lorsqu'elle estime que les intérêts de profession sont en jeu, notamment lorsqu'un ou plusieurs de ses membres sont en cause.

§ 2- Fonds de garantie des dépôts des banques participatives

La liquidité est une question cruciale pour les banques islamiques. L'enjeu de la liquidité et sa gestion présentent des défis pour ces banques. D'abord, les banques islamiques sont exposées au risque de liquidité dans un contexte de faiblesses structurelles du système financier qui pèsent sur leur solvabilité et leur liquidité

En fait, la plupart des banques islamiques opèrent dans un environnement où les marchés interbancaires et monétaires islamiques sont inexistants ou sous développés. La majorité des emprunts et des facilités de la Banque Centrale ne s'accommodent pas avec la Charia.[69]

A l'instar du fonds de garantie de dépôts instauré pour les établissements bancaires conventionnels, la nouvelle loi bancaire a créé un fonds spécifique pour les banques participatives. La gestion de ce fonds sera assurée par la Société marocaine de Gestion des Fonds de Garantie des dépôts bancaires (SGFG). Comme pour le fonds dédié aux banques conventionnelles, l'intervention du fonds de garantie des dépôts des banques participatives peut prendre deux formes : l'indemnisation des déposants et l'octroi de concours financiers aux banques participatives en difficulté.

Les articles 67-68 et 69[70] précisent l'institution du Fonds de garantie des dépôts des banques participatives, son rôle, son champ d'application et la personne morale compétente pour sa gestion.

Le but de ce fond est l'indemnisation des déposants des banques participatives en cas d'indisponibilité de leurs dépôts

---

[69] BEN JEDIDIA KHOUTEM et JLASSI MOULDI, LE RISQUE DE LIQUIDITE POUR UNE BANQUE ISLAMIQUE : ENJEUX ET GESTION, Etudes en Economie Islamique Vol. 7, No. 1, Juin 2013 p 71 www.irti.org

[70] La loi 103-12

et de tous autres fonds remboursables. Le Fonds de garantie des dépôts des banques participatives peut accorder, à titre préventif et exceptionnel, à une banque participative en difficulté et dans la limite de ses ressources, des concours remboursables ou bien prendre une participation dans son capital.

La garantie du fonds précité couvre tous les dépôts et autres fonds remboursables collectés par les banques participatives à l'exclusion des dépôts d'investissement et des fonds reçus de la part de :

- des autres établissements de crédit ;
- de ses filiales, des membres de ses organes d'administration, de surveillance et de direction, de ses actionnaires disposant d'au moins 5% des droits de vote ;
- des organismes qui fournissent les services suivants [71] :
  o Les services d'investissement ;
  o Les opérations de change ;
  o Les opérations sur or, métaux précieux et pièces de monnaie ;
  o La présentation au public des opérations d'assurance de personnes, d'assistance, d'assurance-crédit, et toute autre opération

---

[71] Article 7 et 16 de la loi 103-12

d'assurance, conformément à la législation en vigueur ;

- o Les opérations de location de biens mobiliers ou immobilières, pour les établissements qui effectuent, à titre habituel, des opérations de crédit-bail.
- o Les services de paiement.
- Les banques offshores, la caisse de dépôt et de gestion et la caisse centrale de garantie.
- Les établissements suivants[72] :
  - o Bank al Maghreb ;
  - o La trésorerie générale du royaume ;
  - o Les services des mandats postaux ;
  - o Les entreprises d'assurance et de réassurance et les organismes de prévoyance de retraite ;
  - o Le Fond Hassan II pour le développement économique et social ;
  - o Les institutions financières internationales et les organismes publics de coopération étrangers autorisés à exercer les opérations bancaires.

Il est important de ne pas oublier que la gestion du Fonds de garantie des dépôts des banques participatives est confiée à la société gestionnaire des deux fonds de garantie des dépôts.

---

[72] Article 23 de la loi 103-12

Le Wali de Bank al Maghreb fixe par circulaire les conditions et les modalités de fonctionnement de ce fonds après avis du comité des établissements de crédit et avis conforme du conseil supérieur des Ouléma.

CONCLUSION GENERALE

Au terme de cette étude, nous pouvons affirmer que la banque est un élément indispensable, tant pour l'économie que pour les particuliers. En ce sens, le crédit est un moteur de l'économie et l'épargne un outil de financement des ménages. Cette importance justifie la prééminence de l'activité bancaire dans notre vie quotidienne, nécessitant sa réglementation et son contrôle. Les critères requis pour l'agrément d'une banque et d'un établissement de crédit en France s'intéressent à la fois aux conditions liées à l'activité bancaire et à la qualité de ses dirigeants. Les banques islamiques semblent respecter certaines opérations et activités, prévues dans le Code monétaire et financier en usant de techniques différentes. Dans les banques classiques, l'intérêt gouverne tout son fonctionnement, en revanche, le mécanisme n'est pas le même dans les banques islamiques, car l'intérêt appelé aussi riba est prohibé sous toutes ses formes et tous les genres : de la consommation à la production, en passant par les intérêts moratoires et compensatoires.

Le substitut de l'intérêt dans le système islamique répond légitimement au caractère onéreux qui permet de qualifier une opération de crédit au sens de la loi française. Ce constat sur l'onérosité du crédit islamique est surprenant et rend paradoxale cette finance, car la banque islamique est considérée comme une institution qui fonctionne sans intérêt : une banque gratuite.

L'étude de son fonctionnement nous a permis de montrer qu'elle est loin d'être une banque sans intérêt1514. Une telle confusion était en partie due à la méconnaissance de son mode de fonctionnement. L'examen de son évolution et son historique, dans la première partie, nous ont permis d'y voir plus clair. Ce qui nous a conduits à dire que l'Islam n'était pas la seule, ni la première religion à interdire l'intérêt. En effet, les Juifs et les Chrétiens l'avaient aussi proscrit à des degrés variés et sous des formes différentes. Cette généralisation de l'interdiction à travers les religions monothéistes nous a permis de critiquer la thèse qui considérait la finance islamique comme un oxymore.

Cette position est renforcée par l'exposé des principes et des fondements du droit musulman, ces derniers attribuent à ce droit un caractère spécifique faisant de lui un droit transversal englobant tous les aspects de la vie du musulman : le droit, l'économie et la finance formant un tout indissociable.

Si ce système semble surmonter, sans difficulté, la question ou la problématique de l'intérêt avec la mise en place du principe de partage des profits et des pertes, il est loin d'être en harmonie avec les règles juridiques gouvernant l'organisation des banques françaises, notamment leur forme juridique. En effet, dans les banques islamiques la conformité des produits aux règles religieuses est soumise à l'avis et à l'analyse des conseillers religieux.

L'intégration et la reconnaissance de cet organe dans le système occidental constituent un obstacle, sur le plan juridique, en ce sens un organe similaire n'est pas prévu dans l'architecture bancaire française. Après l'étude des organes habilités en droit français à mener le contrôle financier, aucun de ces organes ni l'ACP ni l'AMF ne peuvent exercer la fonction dévolue à cette instance religieuse. Cette absence empêche un contrôle de l'industrie islamique par des autorités publiques et administratives, seules des institutions à initiative privée mènent le contrôle actuellement. Ce qui est insuffisant pour garantir la crédibilité de cette institution victime de critiques sur son organisation juridique.

Le comité de la zakat est aussi une déclinaison de la banque islamique n'ayant pas d'équivalent dans le système classique et au même titre que le conseil religieux, sa présence est obligatoire car il confirme le respect des règles religieuses et sociales. Le contrôle de ces produits par les organes administratifs, financiers voire même juridictionnels demeure toujours possible dans le cadre de la législation française, permettant de passer au crible toutes les suspicions relatives aux blanchiments d'argent et de financement du terrorisme, audelà du mécanisme de contrôle opéré par la cellule de Traitement du renseignement et d'action contre les circuits financiers clandestins (TRACFIN), l'Autorité de contrôle prudentiel (ACP) et l'Autorité des marchés financiers. La mondialisation de cette industrie islamique dans certains pays occidentaux luttant farouchement contre le mouvement terroriste et le blanchiment de fonds, tels que les États-Unis, la Grande-Bretagne et plus récemment la France, nous a permis de penser que cette finance est susceptible d'être soumise au même mode de contrôle.

L'étude faite dans la seconde partie de cette thèse est beaucoup plus analytique que la première, car elle examine le fonctionnement de cette finance en la comparant avec les banques classiques. En plus, elle s'intéresse aux obligations du banquier et au régime des contrats en droit musulman. Les caractéristiques de ces contrats ont décelé un paradoxe au niveau de leur organisation, car le système ne dispose pas, à proprement parler, de banque centrale jouant le rôle de contrôleur monétaire. Même si la banque islamique de développement est considérée par certains comme faisant office d'une banque centrale, elle ne remplit pas à notre avis tous les éléments requis.

Le droit des contrats musulman qui tire ses fondements de la charia énumère un certain nombre de contrats nommés dont les règles sont fixées par la loi musulmane, et non pas par les parties aux contrats.

Cette spécificité déroge au principe de la liberté contractuelle qui constitue un moyen de protection des parties au contrat. De telles protections sont assurées en droit musulman par des règles éthiques et religieuses. Ce qui nous a permis de penser que l'absence de liberté contractuelle ne porte pas atteinte au droit des contrats musulman puisqu'il est substitué par d'autres moyens de protection.

Contrairement au droit français, le droit musulman ne fait pas de distinction entre le droit des contrats et celui des obligations, ce qui se justifie par le caractère unitaire et globalisant de ce droit. Ce constat n'exclut pas l'existence du droit des obligations en droit musulman, car il existe des obligations divines posées par la charia et l'étude de certains contrats nommés dans le système islamique présume l'existence d'un régime d'obligations spécifique à ces contrats. Par exemple, le contrat de prêt est classé dans la catégorie de ces contrats nommés qui impose à chacune des parties des obligations, car le prêteur doit débloquer les fonds et l'emprunteur rembourser le prêt. Chacune de ces obligations donne naissance à un régime spécial.

Les banques islamiques ne sont pas une création récente, ce qui est nouveau c'est le système bancaire conforme aux normes internationales, faisant appel à des produits et des contrats de type moderne tels que les sukuk et les takaful. Ces derniers dérogent aux principes mêmes qui gouvernent cette finance, en l'occurrence, la spéculation et l'incertitude interdits dans le Coran et la sunna présents dans presque toutes les sources du droit musulman.

Pourtant l'interdiction est plus claire même que celle du riba, hormis celle du gharar et relativisée pour pratiquer des activités concurrentielles. Ce constat caractérise de nouveau un paradoxe en réorientant la motivation de l'implantation des banques islamiques qui ne se fonde plus sur l'argument religieux, mais désormais sur l'idée de concurrencer le système classique, ce qui crédite et conforte la thèse selon laquelle la banque islamique n'est qu'un outil de marketing. En plus, ces produits modernes ne se fondent pas sur les contrats nommés, ce qui en fait des contrats innommés non reconnus par la loi musulmane.

Le dénouement de ces opérations bancaires a de nouveau retenu notre attention, car la mise en place du principe de partage des profits et des pertes ne peut pas être appliquée dans toutes les opérations bancaires islamiques. Comme dans les produits non participatifs, tels que l'ijira et la moudaraba dans cette dernière la marge que le banquier taxe à son client n'a aucun fondement religieux.

Les principes qui gouvernent le système islamique sont en adéquation avec ceux du droit français tels que l'interdiction du riba qui rejoint la prohibition de l'usure, les limites du halal et de haram, que l'on assimile à la conformité à l'ordre public et aux bonnes mœurs, le gharar et le maysir, respectivement à la spéculation et à l'incertitude.

Ces ressemblances ont permis à certains d'affirmer trop vite la conformité des règles qui gouvernent la banque islamique à celles du droit français.

Ce constat n'est pas totalement faux en ce qui concerne les principes de la finance, mais pour ce qui est des produits, il n'est pas judicieux de les assimiler sans pour autant vérifier leurs régimes juridiques, puisque ces produits sont des contrats conformément au droit musulman.

Il serait absurde, voire paradoxal, selon nous, de les assimiler si l'on sait que les deux droits qui les sous-tendent ne sont pas assimilables ni identiques. Ces similitudes constituent l'obstacle et bloquent l'avancée de cette finance en France.

L'implantation des banques islamiques nécessite au préalable des réformes de grande envergure allant du Code civil, jusqu'au Code monétaire et financier en passant par le Code de commerce.

Aujourd'hui, la volonté des autorités françaises, notamment celle de l'administration fiscale, est plus orientée vers les banques d'investissement, justifiant les réformes sur la fiducie et sur le régime fiscal favorable aux sukuk. Ce qui nous a permis de dire que la volonté d'implanter les banques en France n'est pas motivée par le désir de satisfaire les six millions de musulmans vivants sur le sol français, mais plutôt par celui de concurrencer la place financière de Londres qui a réussi à drainer des fonds provenant des pays du Golfe depuis le 11 septembre 2001.

Les termes utilisés en droit et en finance islamiques

Ajr : rémunération afférente à un service rendu
(commission…)
Aqd : contrat
Aql : raison humaine
Arboon : arrhes. Peut être utilisé dans le cadre de contrats de vente et
sous la forme d'options
Asl : acte
Batil : invalide (acte), contraire de sahih (valide)
Bai al-einah : rachat. La banque achète un bien à son client au comptant
et le lui revend à un prix supérieur avec paiement différé
Bai bil-wafa : pension livrée
Bai bithaman ajil (BBA) (également : bai muajjal) : Vente à prix fixé et paiement différé
Charia : loi islamique basée essentiellement sur le Coran.
Darar : nuisance
Darura : nécessité.
Dayn : dette
Far : cas, espèce
Fatwa : acte juridique, opinion d'un jurisconsulte
Fiqh : la doctrine juridique islamique (faqih : juriste ; pl. fuqaha)
Gharar : incertitude. Un des concepts fondamentaux du droit islamique.
Le gharar est prohibé dans la finance islamique
Haram : illicite (contraire de halal)
Hawala : transfert monétaire

Heba : don

Hiyal : stratagème, ruse. Ingénierie juridique permettant d'atteindre un
objectif en privilégiant la forme juridique sur l'esprit

Hukm : Décision juridique.

Ijara : un des contrats nommés. Location. Contrat important en finance islamique qui se décline en location simple, location-vente,
crédit-bail

Ijma : règles établies à l'unanimité des jurisconsultes à la suite de l'interprétation (ijtihad) des textes sacrés

Ijara wa iqtina : location avec transfert de propriété in fine

Ijtihad : interprétation des textes par les jurisconsultes des écoles de pensée islamiques étymologiquement : effort)

Illah : cause effective d'un fait

Istishab : présomption

Istishan : équité

Istijrar : courant d'affaires. Le courant d'affaires avec un fournisseur particulier permet de diminuer les contraintes formelles, notamment en matière de fixation des prix

Istisna : contrat d'entreprise. Contrat qui permet de faire fabriquer un bien par une entreprise en effectuant des paiements progressifs

Jo'alla : échange de travail contre rémunération

Khijar : option. Insérée dans un contrat, elle permet de modifier un contrat de manière à en assurer l'équité. Elle peut aussi être utilisée pour l'ingénierie financière dans la banque d'affaires.

Madhhab : écoles de pensée islamiques : hanéfite, malikite, chaféite, hanbalite essentiellement

Maisir : jeu. Les contrats dont l'objet peut être assimilé à un jeu sont interdits en droit islamique

109

Maslaha : intérêt général

Mudaraba : commandite. Un des contrats nommés. Le banquier est l'apporteur de fonds (rabb al-maal) et le client son savoir-faire (mudarib)

Mukhatara : risque

Muqarada : titres émis dans le cadre d'un montage sukuk, en général un montage sukuk mudaraba

Murabaha : crédit acheteur. Un des contrats nommés. Vente avec un intermédiaire, marge et paiement différé. Contrat le plus répandu en finance islamique

Murajaha :

Musharaka : joint-venture. Un des contrats nommés. Le banquier apporteur de fonds et l'entrepreneur gèrent le projet ou l'entreprise

Qanun : ordonnance du pouvoir réglementaire

Qard hasan : prêt gratuit

Qasd : Intention

Qimar : jeu de hasard. Pratique interdite en droit islamique

Qiyas : méthode juridique de raisonnement pour résoudre les cas d'espèce

Rahn : gage donné en garantie d'une dette, utilisable directement en cas de défaillance du débiteur

Ray : avis émanant de la raison humaine et donc ontologiquement faillible

Riba : usure, accroissement de richesse injustifié. Un des concepts fondamentaux du droit islamique. Le riba est prohibé dans la finance islamique

Salam : avance de trésorerie. Un des contrats nommés. Vente avec livraison immédiate et paiement différé

Sharika : contrat de société

Sukuk : montage juridique permettant à des États, des banques, des entreprises… d'émettre des titres de dette en représentation d'un actif à acquérir ou déjà existant (titrisation). Il peut se combiner avec un contrat de murabaha, de musharaka, de mudaraba, de salam, d'ijara, d'istisna
Sunna : tradition des actes, des paroles et de décisions du Prophète
Tabarru : don
Tafsir : analyse d'un juge islamique
Takaful : contrat d'assurance basé sur une mutualisation des risques, les assurés étant aussi assureurs
Taqlid : principe d'autorité
Tawarruq : avance de liquidités. Contrat composé d'un murabaha permettant d'acquérir un bien, cédé ensuite sur le marché pour obtenir des liquidités
Thaman : prix convenu
Ujr : commission
Umma : la communauté des musulmans
Urf : coutume
Wakil : agent
Wakala : contrat d'agence
Zakat : aumône légale

Bibliographie

Ouvrages

-        -

    -

    –

-

    –   –   –

- François Guéranger, Finance islamique : Une illustration de la finance éthique, Dunod, Paris, 2009
- Mohamed Fall Ould-Bah, Les systèmes financiers islamiques: approche anthropologique et historique, Edition KARTHALA, Paris, 2011
- Mohamed Najib Benkacem, les banques islamiques au Maroc, GraphEdit, 2013
- Abderrahmane LAHLOU, Economie et finance en Islam, Edition Almadaress, Casablanca, 2015
- I.Karich, le système financier islamique, Editions Larcier, Paris, 2004

- El Malhouf Jaouad, l'intérêt du capital entre la sharia et le droit positif, Imprimerie Spartel, Tanger 2010.

- Michel Ruimy, la finance islamique, Arnoud franel éditions, France 2008

- A. Martens, la finance islamique : fondements, théorie et réalité, Université de Montréal, Centre de recherche et développement en économique, Cahier 2000-2001, Montréal, 2001.

- Centre du commerce international, Le système bancaire islamique, ITC, Genève, 2009
- Yassine Abdessalam, Islamiser la modernité, Al Ofok impressions, Casablanca, 1998,

Thèses et mémoires

- CHIADMI Mohammed Salah, la volatilité des indices boursiers islamiques dans le contexte de la crise financière, thèse de Doctorat, Ecole Mohammadia d'Ingénieurs, Rabat, 21/10/2015
- THIAM Mballo, De la religion à la banque : Contribution à l'étude d'un droit bancaire islamique en France, thèse de Doctorat, Université de Toulon, 20 décembre 2013
- Abdedaime Mohamed, la finance islamique au Maroc : quelles perspectives, mémoire de Master, faculté du droit, Tanger, 2010-2011
- Sofia BENNAMARA, Finance islamique et capital-risque, MBA, faculté des sciences de l'administration, université LAVAL. Québec 2008
- Ismaël BOULABAS, La finance islamique est- elle une solution face à la crise?, INSEEC - Master 2 banque et assurance, 2012 consulté au www.memoireonline.com le 17/06/2016

Articles, chroniques et études

- Ahmed Alouani, FINANCE ISLAMIQUE : EVALUATION DEPUIS 1970 A NOS JOURS, International Journal of Innovation and Applied Studies, Vol. 10 No. 2 Feb. 2015
- CDVM, La finance islamique, Etude, Octobre 2011, http://www.ammc.ma/ consulté le 19/08/2016

Notes de jurisprudence et jurisprudence.

Site web

- http://www.banquezitouna.com/Fr Wadi MZID, la finance islamique : principes fondamentaux et apports potentiels dans le financement de la croissance et du développement.
- http://www.juridika.net/
- http://www.labanqueislamique.fr/
- **La finance islamique dans le monde, www.lafinancepourtous.com, publié le06 novembre 2012, consulté le 17/06/2016**
- Le Sharia Bord, http://fr.financialislam.com/ consulté le 17/06/2016
- http://www.irti.org/ consulté le 17/06/2016

Textes juridiques

- La loi 103-12 relative aux établissements de crédit et organismes assimilés
- Recommandation Bank Al Maghreb n° RN 33/G/2007 établie à Rabat le 13 septembre 2007

- La loi 34/03 relative aux établissements de crédit et organismes assimilés
- Dahir n° 1-03-300 portant réorganisation des conseils des Ouléma
- Dahir 1.15.02 relative à la création de la commission des finances participatives au sein du Conseil Supérieur des oulémas

Annexe

Banques participatives: Trois circulaires publiées au bulletin officiel [73]

C'est une bonne nouvelle pour les banques participatives au Maroc. En effet, trois circulaires élaborées par Bank Al-Maghrib et validées notamment par le Conseil Supérieur des Oulémas (CSO) ont été récemment approuvées par le ministère de l'Economie et des finances, et publiées au bulletin officiel le 03 mars 2017. Ainsi, l'ensemble de ces circulaires détaille le fonctionnement technique des différents produits qui seront proposés par ces banques, de même que les conditions d'exercice des fenêtres participatives.

Dans le détail, le premier texte concerne les caractéristiques techniques des produits «Mourabaha», «Ijara» «Moucharaka», «Moudaraba» et «Salam», et les modalités de leur présentation à la clientèle. Ce sont principalement les contrats «Mourabaha» et «Ijara» qui doivent retenir le plus d'attention, surtout que dès leur démarrage, les futures banques participatives mettront en avant ces deux produits qui restent faciles à assimiler, afin de réussir à initier le grand public à l'industrie participative.

La «Mourabaha» est donc définie par la circulaire comme le contrat par lequel la banque vend à son client un bien meuble

---

[73] - La Nouvelle Tribune par Souhir Benkirane | le 6 mars 2017 https://lnt.ma/ consulté le 03/03/2018

ou immeuble qui lui appartient à son coût d'acquisition, augmenté notamment d'une marge bénéficiaire. En effet, sa particularité est qu'aucun des paramètres du contrat ne peut être révisé à la hausse sur la durée du financement.

Pour sa part, «L'Ijara» est définie comme étant tout contrat par lequel un établissement met à titre locatif un bien meuble ou immeuble qui lui appartient à la disposition d'un client, en contrepartie du paiement d'un prix de location qui peut être fixe ou variable. Ainsi, pour les deux solutions, la réglementation ne prévoit aucune pénalité en cas de défaut de paiement. Par ailleurs, la deuxième circulaire publiée porte sur les dépôts d'investissement correspondant aux dépôts à terme et aux comptes sur carnet, qui devraient notamment constituer les principaux outils de collecte des ressources pour les futurs établissements participatifs.

Ce qu'il faut souligner c'est que la particularité de ces dépôts réside dans le fait que les différents fonds collectés seront logés dans des projets d'investissement, lesquels peuvent obéir à des contraintes portant sur la nature de l'investissement, son secteur d'activité, sa zone géographique et peuvent aussi donner lieu à un gain comme à une perte.

Pour sa part, la troisième circulaire vient pour préciser les conditions et les modalités selon lesquelles les banques dites classiques peuvent exercer des activités de banque participative via des fenêtres. En effet, cette circulaire permettra à Bank Al-Maghrib de garantir que les banques qui ont opté pour ce choix arriveront à établir une séparation entre leurs activités de banques conventionnelle et participative.

Ainsi, la circulaire impose que l'encours des financements participatifs des fenêtres ne doit pas dépasser les 10% du stock total de financements de la banque. Aussi, le nombre d'agences ou de fenêtres dédié aux activités participatives ne doit pas dépasser les 4% du réseau global. Un plafond qui sera amené à augmenter dans les années à venir pour être porté à 6% à fin 2018, à 8% en 2019 et à 10% à partir de 2021.

Enfin, la publication de ces trois circulaires constitue la partie cruciale du socle réglementaire des futures banques participatives. C'est un pas important vers le début effectif de cette nouvelle industrie au Maroc.

Table de matière

www.ingramcontent.com/pod-product-compliance
Lightning Source LLC
Chambersburg PA
CBHW052325220526
45472CB00001B/278